# 終わらぬ「民族浄化」セルビア・モンテネグロ

木村元彦
Kimura Yukihiko

a pilot of wisdom

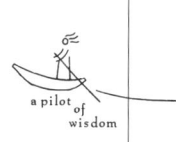

# まえがき

紛争の終了、あるいは解決とはどのように定義されるのであろうか。

争っている当事者同士が同じテーブルについて和平の合意文書に調印した瞬間であろうか。第三者である国連が対立していた勢力の間に入って、「公正な」統治運営を現場で開始した時だろうか。遠く離れた外国の情報の受け手とすれば、そこに纏《まつ》わる悲劇的な報道が一切なくなることでそれを実感するだろう。

以上の定義から言えば、少なくともコソボ紛争は六年前にとっくに終結したことになる。国際情勢を記した時事ハンドブックなどではこの二〇世紀最後の民族紛争の経緯は概ね次のように結ばれている。

一九九九年三月二四日、NATO（北大西洋条約機構）軍は米国の主導によりユーゴスラビア連邦（当時）に対する空爆を開始した。二ヶ月半にわたって攻撃は続けられたが、六月三日、スロボダン・ミロシェビッチユーゴ大統領は主要八ヶ国が提案した和平案を受諾し、空爆は停止する。セルビア治安部隊はコソボから撤退し、大量に発生していたアルバニア難民は帰還を始める。やがてUNMIK（国連コソボ暫定統治機構）が置かれてコソボは国連の統治下に入った。

和平合意はなされ、国連も治安維持部隊も入った。九・一一の米国同時多発テロ事件、あるいはイラク戦争の開始とも相まってコソボからの報道はぷっつりと途絶えて久しい。

ではコソボに平和は訪れているのか？

空爆終結から六年間、現場に通い続けた者として答えるならばＮＯである。

コソボでは忌まわしい「民族浄化」が続いている。それもタチの悪いことに「不可視」の状態で、である。

本書を書こうと思った最大の動機はまさにここにある。

カタストロフィーが延々と続けられているにもかかわらずニュースにはならない。言い換えるならニュースにならないカタストロフィー、それが存在することへの痛切な怒りである。

私はこのＮＡＴＯが空爆に至る経緯について、前作『悪者見参』（集英社文庫）で著してきた。本書を書き進める前にさらっておこうと思う。

八九年にミロシェビッチユーゴ大統領に自治権を剝奪されたコソボのアルバニア系住民たちは、数年にわたって自治権の奪回やユーゴ連邦そのものからの分離独立を主張していた。

九〇年代半ばに誕生したＫＬＡ（コソボ解放軍）は武力闘争を展開し、「独立」は国家内国家建設であり、到底認めるわけにはいかないとする連邦軍側との間で戦闘を繰り広げていた。

サッカーのフランスワールドカップが行われた九八年春、私はKLAの司令部が置かれたマレーシャボ地区で、KLA兵士たちからコソボ全域の三割をすでに支配下に置いたという宣言を聞かされている。マレーシャボはセルビア人警察を追い出したある種の「解放区」になっていた。しかし、六月にはセルビア治安部隊による大掃討作戦が展開され、逆に大量のアルバニア人難民が流出する。武力衝突はますます激化し、混迷を極めた。

そこで九九年初頭に米国、イギリス、ドイツ、フランス、ロシアで構成された仲介グループが調停を行い、パリ郊外ランブイエで和平案を提示する。交渉は合意に至りかけるのだが、最終局面で米国が提出した（付属文書B）がセルビア側を混乱に陥れる。

その内容は「NATO軍がユーゴ全域での演習や作戦行動をする自由を与え、訴追や課税を免れる治外法権を認める」というものであった。実質的にユーゴの植民地化を意味する要求をのめるはずがなく、ミロシェビッチ大統領は受諾を拒否する。

こうしてユーゴに対する空爆は開始された。

戦争が始まると、ユーゴ連邦軍やセルビアの民兵部隊はコソボからアルバニア系住民を追い出す「民族浄化」を進める。その結果約九〇万人のアルバニア系住民が難民になり、本国のアルバニアや同胞の多い隣国のマケドニアへ追い立てられていったと言われている。

そして七八日後の空爆の停止——。

今、まず立ち止まって行うべきは、平和が訪れたと思われているNATOの空爆のその後の検証である。

コソボ紛争をまがりなりにも「終結」に向かわせたNATOの空爆。後述する米国の作家スーザン・ソンタグなどの発言からも垣間見えるように、（所謂《いわゆる》知識層も含めて）それに対する理解は以下のようなものであると言えようか。

「セルビア治安部隊がコソボ自治州におけるアルバニア系住民に対して行っている『民族浄化』を止めさせ、コソボを解放するためにNATO軍がやむなく軍事介入をした。それはまた和平プロセスに向けての大きな効果をもたらした」

果たして本当にそうなのか。

まず経緯について言えば、先述したように空爆が実行されたのは「民族浄化を止めさせるため」ではなく、和平合意文書（それも拒否せざるを得ない内容のもの）を俎上に載せ、ユーゴ側が拒否したからである。

ユーゴ軍による「民族浄化」は（数に対する議論はあるが）確かに存在した。しかし、紛争解決には空爆しかなかったのか？　そして行われたユーゴ空爆がコソボでいかなる現象をもたらしているのか？

マスメディアが追わず、不可視の部分として国際社会からも本国からも切り捨てられた人々を可視に変換することで、見えてくるものがあるはずである。それは対立する民族の両方にスポットを当てることに繋がり、至極真っ当な報道姿勢なのだが、九九年以降に遂行するメディアはいなかった。

実際にこの六年間の取材を通じて感じたのは、「コソボのその後」は一般的なＮＡＴＯ空爆の評価に対する反問に変わるという実感だった。

さらにもう一つ本書で強調しておきたいのは、新書でありながら徹底して「現場」にこだわったルポルタージュであるという点だ。

本来、ジャーナリズムとアカデミズムは全く別の次元のものである。しかし、日本のユーゴ報道はこの境界が非常に曖昧《あいまい》にぼかされているように思う。

私にはユーゴ関連の解説本のほとんどが、現場に行かぬ学者の論文であることに忸怩《じくじ》たる思いがあった。「現場を知らない、専門がチトーの自主管理や社会主義、中世の歴史学者に現在の情勢を聞いてどーすんだよ、だから日本人は権威に弱いんだよ」と無学な町のニイちゃんは荒れていたわけである。ユーゴ空爆の不当性について発表された文書や論文なども幾つか見聞したが、大抵のものに違和感を感じていた。

一言で言えば引用する文献やメディアなどから、高所に立って論考されていくものが多かったというのがまずその理由である。特に反米という視座からのもの。

現場は決してそのような単純なものではない。

ＫＬＡは確かにセルビア側から見ればテロリスト組織と言えるが、コソボのアルバニア系住民が全員ＫＬＡであるかの決めつけは常軌を逸している。私は、某大学教授が講演で公然と「シプタル」というアルバニア人に対する蔑称を使っているのを見て、憤怒して退席すると同時に同教授の書いている著書に対する信頼を一気に失ってしまった。何たる御用学者か（学者の場合、旧ユーゴのどこの地域を専門とし、つきあうかによってそのスタンスが分かれてしまうのは仕方のないこととは思うので、これはむしろその情報を精査する受け手の問題であると思うが）。

ＣＮＮやＢＢＣといった欧米メディアにある種のバイアスがかかっているのは「戦争広告代理店」の存在などで明らかであるが、ではセルビア側のミロシェビッチの舌と言われる社会党機関紙などが、全く公平中立な報道をしていたのかと言えば、当のセルビア人たちが爆笑している。

コソボに足を踏み入れていない学者が「現場に行かずとも分かる」と嘯《うそぶ》くのはあまりに傲慢である。なるほど行かずして分別できる事象も存在はするであろうが、それ以上のものが現場には山積している。その人の人生はその人の全てである。スパスパと切り分けられるものではない。また単に反米という視点からコソボ問題を語り、ユーゴ空爆に異を唱えても全く意味はない。空爆の不当性をアルバニア人たちにも説くのならば、そこに現地の人々の肉声や体温、痛みが拾えてなければ何も広がりはないからだ。

研究者のご努力にはリスペクトを忘れないでいたいが、報道は現場で取材してナンボである。

そして公正に両方の意見を聞くことを心がけた。文献からの引用を極力避け、敢えてジャーナリストとしての矜持《きょうじ》をもって事に臨んだ。

執筆については前作でフォローしていた期間の後、空爆が終結してから二年が経過した二〇〇一年から筆を起こしている。

旧ユーゴスラビア社会主義連邦共和国の構成国

スロベニア
★リュブリャーナ
★ザグレブ
●コペル
リエカ
クロアチア
バニャルーカ●
トラヴニク●
ボスニア・
ヘルツェ
ゴビナ
スイス
オーストリア
ハンガリー
ルーマニア
イタリア
ブルガリア
アルバニア
ギリシア
エーゲ海

# 目次

## 第三章　セルビア・モンテネグロの誕生（二〇〇三年）

地図・扉デザイン　今井秀之

# 第一章　大コソボ主義（二〇〇一年〜二〇〇二年）

UNMIK（国連コソボ暫定統治機構）に陳情する
セルビア人行方不明者の家族（撮影／木村元彦）

## 一　消えた一三〇〇人——セルビア人拉致被害者たち

### ▼ニュースにならないNATO空爆後の現状

初めてデサンカ・ペーチノビッチに出会ったのは、NATO（北大西洋条約機構）軍によるユーゴスラビア空爆から二年が経過していた二〇〇一年六月一三日。ヴォイスラフ・コシュトニッツア連邦大統領（当時）とハッケルUNMIK（国連コソボ暫定統治機構）副代表が、今後のコソボ情勢を話し合っているベオグラードの大統領府前。ずらりと並んだ国連の車を眼前に座り込みを続ける一団がいた。

「我々は決して風化させない」

「どこを捜せばあなたに会えるの？」

英語とセルビア語で記されたプラカードの文字がいきなり視界に飛び込んできた。いったい何に対する抗議なのか。駆け寄って話を聞いた。予想だにしなかった答えが返ってきた。

座り込みの一団はさらわれた親を、子どもを、捜して欲しいとUNMIKとユーゴ政府に対する直訴に赴いた人々だった。

空爆終了直後に始まったＫＬＡ（コソボ解放軍）によるセルビア人拉致誘拐事件が解決するどころか、二年経っても続いていることを私はこれで知った。この時期、国際赤十字に提出されたコソボでの拉致被害者の名簿には、驚くべきことに一三〇〇名の名前が記されていた。単純計算すれば一日に二人が姿を消されていることになる。

それぞれが胸に消息不明の家族の写真を掲げている。

初夏の日差しが容赦《ようしゃ》なく肌を射る中、デサンカはしっかりと息子「ボシコ」を抱いていた。すでにこの場所で四八時間にわたる抗議行動を続けていると言った。

「今年になってから共和国広場で二度の集会を開きました。米国やフランス、コソボに軍隊を置く国の大使館にも真相究明を求める署名を渡しました。各国の外交官は書類は受け取ってくれた、けれど何ら具体的な動きはしてくれないのです」

消え入りそうな声。コンクリートの照り返しで日焼けした顔には、疲労の影がこびりついていた。夫のミロラドが続ける。

「私たちにとっての敵はアルバニア人ではない。この悲劇を野放しにしているＵＮＭＩＫやＫＦＯＲ（コソボ治安維持部隊）、そして我々を無視しているセルビア共和国政府なのだ」

ミロシェビッチ政権が崩壊した後、国際協調を念頭に置く新政権はＮＡＴＯ加盟国が主体になっているＵＮＭＩＫに対して強く要求をしない。加えて身一つで逃げ出したコソボ難民たちは、書類不備などの名目で実質選挙権も与えられていない。自らの政府からもその存在を否定されている。これは難民ではなく棄民ではないか。

スーザン・ソンタグという人道主義者として知られる米国の作家がいる。九・一一の米国同時多発テロ事件において米国の覇権主義を批判し、オサマ・ビン・ソンタグと中傷された彼女が、〇三年三月一日のドイツ「シュピーゲル」誌のインタビュー「イラクとの戦争に反対する理由」の中でこう述べている。

――コソボとボスニアのミロシェビッチへの戦争は正当だと判断されたのでしたね。

「忌まわしい殺人に対するNATOの介入は正当なものでした」

世界的に名高い彼女の発言ゆえにその影響力は計りしれない。

ソンタグはいったい何をもって正当と言い切るのであろうか。忌まわしい殺人はNATOの介入の後にも紛れもなく起こっているのだ。

確かにアルバニア系住民にとってNATO軍は、対立していたセルビア警察や治安部隊を追い出してくれた友軍だ。空爆中にセルビア民兵部隊に家を焼かれたり、殺された事実は直後に現場で私自身も確認している。

しかし、空爆後のこのセルビア人たちの身の上に降りかかっているカタストロフィーについては誰も見向きもしない。否、たまにあるにはあるが、ほとんどが「報復されるセルビア人」という文脈で語られる。

報復？　この短絡的な原稿を送ったジャーナリストはコソボの民族憎悪の連鎖の歴史を知ら

な過ぎる。

コソボ紛争を語る記事のほとんどが「ミロシェビッチが人口の九割を占めるアルバニア人からの自治権を剝奪、強権弾圧した」という、一九八九年の七四年憲法の修正から筆を起こしている。

しかし、その直前の八七年四月、八八年七月にはコソボの少数者であるセルビア人、モンテネグロ人がアルバニア人による迫害に対する抗議集会を行っている。民族主義を利用して政権に就いたミロシェビッチを肯定する気は全くないが、それ以前にはセルビア人が被差別の側に立たされていたことは一つの事実である。

平和とは対峙《たいじ》する片方の民族に対してにのみ適用される概念だろうか。一〇〇〇人を超える民間人の拉致事件を「報復」の一言で済まして埋もれさせてよいはずがない。空爆後約二〇万人のセルビア人がコソボを強制的に追い出されたのだ。

二〇万人の棄民。

立ち止まってこの数字をもう一度凝視する必要がある。

NATO空爆後のユーゴ。潮が引くように世界中のマスメディアの支局は去っていき、ほとんどニュースにもならないこの事件の細部にフォーカスを合わせることから始めよう。

▼消えた息子

八時と一〇時と一二時。

ミロラド・ペーチノビッチは今でも正確にその時刻を覚えている。

NATO軍のユーゴスラビア空爆が終了して三日後の一九九九年六月一三日。彼らは二時間おきにやってきた。

「スロボダンはいるかい？」

高校を卒業したばかりの息子は町に出かけていたが、三度目の訪問時に居合わせた。

「モンテネグロにいい仕事の口があるんだ。一緒に行こうぜ」

熱心に誘ってきたのは幼馴染のアルバニア人の友人、アントン（仮名）、デシーマ（仮名）、デシンカ（仮名）の三人組だった。

ペーチノビッチ家はコソボで代々続くセルビア人の家系。アントンの家とは近所同士親交も厚く民族は異なっても良好な関係だった。ミロラドは特に反対もせず息子を送り出した。

しかし、これが悔恨の大事となった。

以来、息子スロボダンの消息はぷっつりと途絶えた。教えられた仕事先の電話番号に連絡してみたが、受話器に出た人物から返ってきたのはうちにはそんな人間は来ていないという不審な回答。

一ヶ月後にアントンは戻ってきたが、息子は一緒ではなかった。問い詰めるとあれ程仲の良かったアントンは冷淡な口調で言い放った。

「スロボダンとは向こうで別れたからその後は知らない。モンテネグロのノージャイに行けば分かるだろう」

ミロラドの妻、つまりスロボダンの母親デサンカは、胸騒ぎをなだめながらバスでノージャイに向かった。長距離バスで移動し、足を棒にして捜し回った。しかし、息子の行方は何一つ摑《つか》めなかった。悄然《しょうぜん》として戻る。そして自分たちの身にも危険が被さってきていることを実感する。

空爆が終わり、セルビア治安部隊がコソボから撤退すると同時にKLAがセルビア人の住居を訪れて暴力的に追い出し始めたのだ。民族憎悪の連鎖。マケドニアやアルバニア本国に逃げていたアルバニア系住民をその住居に入れるためである。アルバニア人にとって平和が訪れたと言われるコソボは、同時に非アルバニア人にとっては危険極まる魔境となっていた。セルビア人はコソボを出るか、限られた飛び地のような居住地域で外部との接触を断って息を潜めて暮らすしかなくなった。

ペーチノビッチ一家も身の危険を感じ、新築したばかりのペーチの家を離れざるを得なくなった。ミロラドはグラグエバツ、デサンカはゴラジュデヴァツにそれぞれの親戚を頼って逃げた。難民となって一斉に逃げ出した自分たちを、外国のメディアは「リベンジを恐れて逃げ出すセルビア人難民」と報じた。

私たち民間人がリベンジされなくてはならないことをしたというのか。ミロラドは怒りを禁じ得なかった。

離散し、難民となってもスロボダンのことは片時も頭から離れない。

ミロラドはコソボ州の古都ペーチから約一五キロ離れた村落ジュラコヴァッの生まれ。成人してからは、腕のいい技師としてペーチの上下水道やホテルのエレベーターの修理で生計を立てていた。セルビア正教の総本山があるこの町で働くことが何よりも誇りだった。

結婚してから三人の息子に恵まれた。長男はアレキサンドル、次男ベシコ、そして三男がスロボダン。末っ子は誰からも可愛がられ、ボシコあるいはボダンと呼ばれた。人を疑うことを知らず、アルバニア語も堪能だった。

アントンとじゃれ合う三男を見てミロラドは、

「お前はセルビア語を忘れちまったんじゃないか」と苦笑したという。

その息子が消えてしまった。忽然と消散したのではない。経緯は判然としている。幼馴染と家を出たのだ。

七月、デサンカは意を決した。ゴラジュデヴァッのUNMIKの警官に訴えた。警官が事情聴取にアントンの家に出向いてくれることになった。

デサンカの詰問を見守る警官。要領を得ない問答が続いた後で、アントンは最後にKLAの事務所に連れていったことを認めた。

「それからのことは分からない」

かつての息子の親友は冷たく言い放った。

アントンの叔父がKLAであったことを、この時初めてミロラドとデサンカは知ってしまった。瞬間、互いに口には出さずともスロボダンが生きている可能性が限りなくゼロに近くなったことを感じていた。

しかし二人は諦めなかった。拉致され、監禁され、それでもどこかで生きているに違いない。息子の遺体を見るまで信じられない。そして信じたくない。

ミロラドとデサンカは息子の拉致に加担したアントンを告訴することにした。息子と繋がる唯一の手がかりは彼なのだ。公的な機関での裁判にかけることで事件の全容を明らかにして欲しかった。

二人はゴラジュデヴァツに幾度も行ったが、UNMIKの警官は調べてみると言いつつもなかなか重い腰を上げようとしなかった。やはり自分たちが、軽視されているのかと思うと胸が詰まった。手当たり次第にオフィスに飛び込んで惨状を訴えると唯一、パビオというイタリア人のKFOR兵士が親身になって話を聞いてくれた。彼はアントンの身柄を拘束する必要があると考えた。

しかし、セルビア人地区を出て迂闊《うかつ》に動けばペーチノビッチ夫妻に身の危険が迫る。パビオは奔走してくれた。ＫＦＯＲの兵士八人をガードにつけてくれたのだ。夫妻は兵士に守られながらペーチに入った。新築したばかりの自分たちの家は燃やされ、家具は全て略奪され、家族思い出の品々は無残にも砕かれていた。

一度ではうまくいかなかった。危険を冒しながら、幾度もチャンスを窺った。警戒するアントンの家を見張り、五度目の訪問時にようやく彼を捕まえることに成功した。

ペーチのＵＮＭＩＫの警察に連れていった。しかし、ここで大きな問題が起きた。それは現在のコソボ不公平統治の大きな要因の一つでもある。ＵＮＭＩＫが雇用している行政関係の通訳の全員がアルバニア人だったのだ。

セルビア人を雇わないというわけではない。しかし、ＵＮＭＩＫを占領者と目すセルビア人たちはそのオフィスで働くことを嫌悪し、志願しようとする同胞をカネに魂を売った裏切り者となじる傾向にある。現実的に考えれば自分たちの権利確保のためにも、この職域に積極的に進出すべきであるのだが、コソボにおけるセルビア人の絶対数が激減してしまったこともあり、ほとんど存在しないのが現状である。

コソボのアルバニア人はかつての公用語セルビア語が理解できる。セルビア語あるいはアルバニア語から英語へＵＮＭＩＫの警官が調書を取った。起こったのは至極当然の現象だった。通訳はアントンについて不利な事実を一切翻訳しなかった。

アントンは不起訴となった。ミロラドとデサンカは愕然《がくぜん》とした。釈放された時、アントンは声を上げた。

「これで分かったか？　お前たちはもうここに来られないぞ！」

今、ペーチノビッチ家はベオグラード郊外のレスニック難民キャンプに収容されている。二〇〇〇年の暮れからコソボを出て、日本風に言えば六畳程の部屋に親類も含めて家族五人で折り重なるように暮らしている。ベッドの置き場はなく、それぞれは疲れると床に毛布で転がる。

午前中に訪ねると次男のベシコはソファでまだ眠りこけていた。彼はクルシュムリエのビジネス学校に通っていた。

「一〇月三〇日に試験があるけど全然勉強ができない。それにここからだと通学に片道五〇マルクもかかってしまう。進級しても学費が一〇〇〇マルクかかる。そんなおカネはどこを探しても出てこない」

デサンカが寝顔を窺いながらため息をついた。離散していた家族がこのように一緒に暮らせるようになったのは喜ばしい。しかし、経済的には全く立ち行かなくなった。ミロラドは失業し、たまに日雇いの仕事に出かけるが、その収入だけで五人が食べていけるはずもなく、頼りになるのは配給の食糧だけだった。

「教えて欲しい」いきなりデサンカが言った。

「なぜ私の一族はこんな目に遭わなければならなかったのか。教えて欲しいのです。私たちは何か悪いことをしたのでしょうか」

問われた私はその答えを持ち合わせていない。しかし、国際社会はこう言うでしょう。広義な意味で言えば殺人鬼ミロシェビッチ大統領を支持したから、でしょうか。

デサンカの姉もクロアチア戦争時に難民になっている。クロアチアのリエカに住んでいたのだが、追い出され、セルビア本国に逃げてきた。セルビア北部ボイボディナ州のクロアチア人と家を交換した。この一〇年で親兄弟が全て難民になった。

針仕事をしながら、ぽつりと言う。

「アントンが私たちの息子をさらったのはなぜなのだろうか、今でも分かりません。もしも何か腹立たしいことがあって、その復讐でしたのならそう言って欲しかった。セルビア人を憎く思っていたのでさらったと言ったのなら、私は彼を許したかもしれません。でも、彼はスロボダンを知らないと言った。存在自体を否定したその嘘がとても悔しいのです。このＩＤは偶然アントンの家の庭で拾ったものです」

アントンの身分証明書が手の中にあった。実行犯の身元を示すＩＤすらあるのにもはや何の手も打てない。

「イタリア人兵士のパビオには本当にお世話になりました。空爆をした占領兵の中にもいい人がいると分かったことはとても嬉しかった。私はお礼にマルボロをあげようとしたが、彼は最後まで受け取ってくれませんでした」

それまで椅子に座って黙り込んでいたミロラドがおもむろに顔を上げて私を見た。

「新聞を読んだぞ。日本人が北朝鮮に連れていかれた拉致事件があったそうじゃないか。一一人だってな。俺が思うに日本政府はまだ毅然とした対応を取ったのではないか。でもチョービッチは我々の拉致に何もしてくれなかった」

コソボ問題担当大臣ネボイシャ・チョービッチに対する不満をぶちまけた。相変わらず、ユーゴ政府はこの問題には慎重で腰が引けたままだ。

「俺はこの間、コシュトニッツア（ユーゴ連邦大統領）に面と向かって言ったのだ。私が大統領なら、自民族が行方不明なのにアムネスティの要求で相手の政治犯の釈放文書にサインなどしない」

コソボのドラシェバツ郊外の刑務所に捕らえられていたアルバニア人の政治犯を、コシュトニッツア政権は釈放し、ボントスティールの基地に移送したのだ。

オサマ・ビン・ラディンのテロ組織であるアルカイーダが、アフガニスタンからKLAの支援のためにコソボに送り込まれていた。いわゆるムジャヒディン（聖戦戦士）である。それゆえに米国のロバート・ゲルバート特別大使は当初KLAに対してもテロリストと断定し、合衆国は彼らと戦う用意があるとまで発言していた。

かようなコソボのムスリム過激テロリストの集団を無条件で釈放してしまえば、どのような惨劇が展開されるかは十分に予想ができたはずだ。野放しになってどうなったか。

「すでに二〇〇〇人近い行方不明者が出ているが、軍人はそのうちのたったの五〇人。拉致されたうちの残りは民間人だ。中には一〇歳にも満たない子どもが六〇人もいる」

ミロラドはアントンの父親ガシ（仮名）の写真を指差した。後に彼の家がテロリストの集まるアジトだったことが分かった。彼がセルビア人を車でKLAのオフィスまで移送する仕事を担っていた。ガシは空爆前にアルバニア名のブルンチャイを隠し、活動する際にはブルンチェビッチとセルビア系の名前を名乗っていた。

「この写真を見てくれ。燃やされた俺たちの家。新築だったんだ。UNMIKの公的文書には戦争中に燃やされたと書いてあるが、嘘っぱちだ。戦争が終わってから火をつけられたんだ」

悔しさがこみ上げてきたのか、両手で頭を抱えた。

故郷のコソボに帰れるあてはなく悲嘆にくれる毎日だ。だが、ミロラドには今、大きな支えがある。

ボシコが生きていたのだ。

少なくとも彼はそう思っている。コソボの独立派が発行するアルバニア語新聞「コハ・ディトレ」紙〇一年五月一七日付の紙面には、コソボを越境し、セルビア南部のブヤノバツで活動するKLAの兵士の写真が掲載されていた。

「よく見てくれ。俺が見つけたんだ。これがボシコだ。息子だ」

短く刈り込んだ髪の若い兵士がカラシニコフ銃を抱えて座っている。

「『ノーボスティ』紙にも載っていた。この辺りじゃあ、ロマ（＝ジプシー）が捕らえられて

消えた息子の写真を手にするミロラド（撮影／木村元彦）

兵士にされているそうだ。間違いない。ボシコは洗脳されてKLAの兵士になっている。この写真を誰が撮ったのか、調べた。もうすぐ接触できるはずだ」

傍らにある家族スナップと見比べる。短髪という以外は似ても似つかぬその新聞写真を前に私は毎回言葉を失う。この新聞を何度見せられたことだろうか。いや、私だけではない。ミロラドはこのキャンプを訪れる人間に必ずこの記事を見せるのだ。「息子はここにいる。KLAにされているがもうすぐ洗脳を解く」と。

ふいに怒声が部屋の空気を切り裂いた。

「親父、もう諦めろ。ボシコはもう死んでるんだ！　殺されたんだ！」

部屋の隅で靴を磨いていた長男のアレキサンドルが顔も上げずに怒鳴った。これも毎度の風景だった。アレキサンドルの苛立ちは同時にユーゴ政府に向かっている。

「ナチだって殺したら誰が死んだのかペーパーで出てきたじゃないか！　それがいったい何の連絡も証明書もないってどういうことだ。二〇〇〇人も殺されたら、これは戦争だろ？　シプタル（アルバニア人に対する蔑称）の軍隊は結局米国の軍隊だろう。見てろ！　弟が殺されていたら俺は絶対に奴らに復讐してやる」

「そんなこと言うものじゃない」

デサンカがたしなめる。

「そうだ。ボシコは生きている」

ミロラドはまるで自分に言い聞かせるように毅然と声を上げた。そしてボシコの新聞記事をまるでダイヤでも扱うかのように優しく包むと、そっとポケットの中にしまった。同胞を殺す憎い憎いKLAでもいい、もはや会えなくてもいい、それでも生きていて欲しい。

ミロラドの叫びがいつまでも耳に残った。

▼一三〇〇人協会
この拉致被害者の家族が作った、真相究明を求める会「コソボ行方不明者家族会議」がベオグラードにある。行方不明者の数からその通称を一三〇〇人協会という。

仰々しい名称に反して、オフィスは看板も出ていないくすんだ雑居ビルの二階。らせん階段を上がった小さなスペースにキャビネットとテーブル、それにパソコンと電話が載った机が一つきりある。乏しい運営予算からこれだけ揃えた。

オリベラ・ブディミールは毎朝ここに通っている。

自身もコソボ難民である彼女はベオの親類の家に身を寄せ、二年前から事務局長をしているのだ。かつてロシア語の教師をしていた彼女は外国語が堪能だ。ユーゴスラビア政府への陳情、各国大使館との折衝、そして新たに出た拉致被害者の家族へのケアー、何よりも手がかりとなる情報を血眼になって探すこと、それら膨大な仕事が日常業務だ。

彼女は一九九九年八月三日の出来事を忘れない。

空爆終了と同時に治安部隊が撤退を始めると、セルビア人に対する迫害が堰《せき》を切ったように開始された。近郊では武装したKLA兵士が突然家に現れ、身体一つで出ていけと追い出し始めた。このままでは危ない。州都プリシュティナで生まれ育ったオリベラは故郷を離れたくはなかったが、夫と相談した末に難民になることを決意した。

八月一日、家を出てプリシュティナ郊外の知人の住まいに身を潜めていたオリベラは、電話で夫と逃げる段取りを話し合った。夫、ラデ・ブディミールは言った。

「君と君の弟と三人で明後日、まず僕の母のアパートで落ち合おう。あそこならKFORの事務所の向かいだから、安全だろう。そこから車で脱出する」

オリベラは荷物をまとめ、準備に取り掛かった。

一日置いた八月三日、約束の時間に弟と二人でラデの母の家に向かった。ドアを開けて中に入る。しかし、夫も義母もいなかった。何か警戒しているのだろうか。胸騒ぎを抑えつつ、夜まで待った。しかし、結局二人とも姿を現さなかった。

オリベラは知人の家に戻った。

翌四日、弟が再び様子を見るために義母の家に行った。またしてもラデは現れず、室内で弟が身を案じていたその時、突然四人の男が鍵を開けて入ってきた。

驚愕した弟が、

「なぜ、鍵を持っている？　ここは俺の義母の家だ」

問い質すと彼らは、

「ここは俺たちの家だ」と言い返した。

弟は家を逃げ出して向かいのＫＦＯＲのオフィスに飛び込んだ。事件を係官に訴えた。

「家にいるはずの義兄がいない。なぜか他人のアルバニア人が持っているはずのない鍵を開けて入ってきた」

担当者は話を聞いてくれた。しかし、最後まで事情聴取には向かってくれなかった。弟からの報告を聞いたオリベラは、漠とした不安が現実になってしまったことを実感した。夫が忽然と姿を消してしまった。それも逃げ出す一日前に。

「夫は軍人でも警官でもありません。国営旅行社プトニックのプリシュティナ支店で仕事をしていたただの事務員です」

今、オリベラはオフィスで切々と訴え続けている。夫がさらわれたことに対する無念さを、ではない。拉致被害者の家族の会の事務局長として、自分たちに向けられるあまりに不公平な扱われ方を、である。

「コソボでは今まで約二〇〇〇の身元不明の遺体が見つかっています。UNMIKはこれらをアルバニア側には見せるのですが、我々には写真しか見せてくれないのです。国際社会は死者に対する態度までが民族によって違うのです」

空爆中、セルビアの民兵部隊がアルバニア系住民の家屋を襲い、焼き払い、虐殺を行ったことは事実である。それゆえなのか、空爆直後にコソボに入ったUNMIKは、その統治の仕方においてアルバニア系に限りなく近いスタンスである。KLAと友軍関係にあったKFORも当然反セルビア色が濃い。暫定統治機構と安全維持部隊がいるにもかかわらず、セルビア人にとっては無法地帯に等しい。

何より拉致され殺されているのは民間人である。全ての民族に対して、命の重さは平等でなくてはならない。オリベラは、一三〇〇人協会の実務を担う立場として、その不公平な現実に真っ先に直面することになる。

毎週木曜日、このオフィスはUNMIKと定期的な連絡を取ることになっている。一報が入りコソボのグラチャニッツアで遺品の展示をやっていることが分かった。現場には行けないので写真を見せられた。オリベラは一瞥してハッとした。見覚えのあるシャツ、そして靴。オリベラはドラグタン地区で撮られた写真の中に夫の遺品を見つけた。問い合わせると、それは二〇〇〇年の八月に発見された遺体に付着したものだと言われた。

「しかし、私はまだ信じていません。それで夫が死んだとどうして言えますか。写真しか見せられていないのです。今、この現場に立ち合わせろと強く要請しているところです」

彼女はパソコンに向かったままそう言い放つ。

行方不明者のリストはＵＮＭＩＫのみならず国際赤十字にも送ってある。コソボに足を踏み入れることのできないセルビア人たちにとって、頼みの綱は外国の人道機関しかない。

数日前ベオに入ったジャック・シラク仏大統領とオリベラは会談をもった。地道に遂行してきたフランス大使館への働きかけが功を奏し、大使からコソボでのこの悲劇に纏わる情報がフランス本国の大統領には伝わっていた。ベオ訪問にあたってシラクの方から声をかけてきたのだ。

これで真相究明へ大きく前進できると期待した一三〇〇人協会は会議を開き、会談にあたって大きく二つの提案を掲げた。

①コソボ内を調査し、まことしやかにあると言われている、拉致されたセルビア人を入れる強制収容所が発見されたら、すみやかに被害者を釈放させて欲しい。

②ハーグ戦犯法廷のカール・デルポンテ判事に対して以下の要求を出して欲しい。一般的にコソボでの戦争犯罪は空爆停止の一九九九年六月一〇日、KFORの入城までのものとされているが、それ以降においても適用を認めること。

二つめの要求こそが最も重要であり、最も深刻であった。

拉致、誘拐や殺害、セルビア人に対してのテロの九割が、六月一〇日のユーゴ軍撤退から始まっている。この期日の以前と以後では被害者と加害者が一八〇度入れ替わる。六月一〇日までというこの線引きのままでは、一三〇〇人を拉致した者の罪は不問に付されてしまう。以後もお咎めなしならば、偏狭なアルバニア系民族主義テロリストたちによって、この犯罪は続いていくであろう。

人道に対する罪を問うのであれば、ぜひとも全ての民族に対して公正に裁いて欲しいという悲願。これまでハーグには幾度も直接要求をしていたが、回答は一度もなかった。数分間の短い会談だったが、オリベラは全ての拉致被害者家族の思いを託されシラクに提案書を渡した。

キーボードを一心不乱に叩きながら彼女は語る。

「一番大きな問題は私たちのこの悲劇には名前がついていないことです。世界の注目どころか、国内でも無視され切り捨てられている」

名前さえついていない問題。確かにコソボ難民という言い方をすれば、ほとんどの外国人はアルバニア系住民のことを指すと思うだろう。続けて言う。

「シラクへの要求にも記したから、彼らも九九年以降に全ての拉致や殺人が始まったと思っているかもしれない。しかし、中には九八年に殺された人もいるのです」

その事実は私も確認している。九八年のプリシュティナでは、セルビア人警官がテロの対象となってKLAに殺害された現場を見てきた。空爆前ですらアルバニア系だけが一方的に殺されていたわけではない。

手を休めたオリベラが胸元から小さな写真を取り出した。およそ五センチ四方の小さな紙片を人差し指と親指で挟んでこちらに向けた。栗色の髪の温厚そうな紳士が笑っている。

「これが夫です。空爆中にこの証明写真を撮りました。パスポートの期限が切れかけていたのでそれを更新するためです。何て皮肉なことでしょう。あるいは予知されていたのでしょうか。その古いパスポートの有効期限というのが……」

九九年八月三日だった。パスポートが失効した同じ日に夫は姿を消したのだ。

明日は難民キャンプに向かうとオリベラに告げた。コソボを追われた二〇万人のセルビア人たちは、今どんな生活をしているのか。名前もついていない問題の被害者たちは、コソボへの帰還をどのように考えているのか。

「では、明日の夜にまたこのオフィスに来て下さい。ちょうどUNMIKからの情報が入る日。被害者の家族が何人も集まってきますから」

翌日は、そう木曜日だった。

▼レスニックの難民キャンプ

一九九九年八月に設立された難民支援組織、「古いセルビア」の事務局長ゾラン・ミラニッチが自嘲気味に言う言葉がある。

「この国は難民大国だ。ここ一〇年の紛争の末にクロアチア、ボスニアから八〇万人、そしてコソボから二〇万人。トータル一〇〇万人がセルビアに流入してきた。大国はこれ以上国民を受け入れられない」

こう言っているゾラン自身がコソボ難民なのだ。寝泊りを「古いセルビア」の事務所でしている。

「古いセルビア」に寄せられる援助額トップの国は実は日本である。二〇〇一年の資料では八万ドルを日本政府は援助している。約一〇〇〇万円弱でトップということは、換言すれば空爆した当事国である欧米はそれだけセルビア支援に冷淡であると言えよう。

援助が減って最近はすっかり暇になった、と事務所の椅子でふてていたそのゾランに難民キャンプへの案内を頼んだ。自称親日家のゾランは快く引き受けてくれた。

ベオグラードの中心部テレジエ通りから車で離れることわずか約三〇分。首都の喧騒がまだ聞こえてきそうな距離にレスニックの難民キャンプはあった。

タクシーを降りると寒気が全身を貫いた。天気晴朗なれど、ベオの一月は氷点下が平均気温となる。白い息を吐きながら工場跡というバラック建ての群れを見上げる。小高い丘に並んだこの木造小屋に約二〇〇世帯が暮らしているという。

歩を進めるとぬかるんだ地面が、瞬く間に安全靴を泥だらけにした。

至る所からの視線を感じる。洗濯物を干す老婆、戸口で薪を割る男。担いでいるカメラも当然彼らの視界に入っているだろう。難民たちには外国人プレスに対する決定的な不信感と被害者意識がある。情報操作で自分たちに悪者のレッテルを貼りつけた西側のメディア。空爆直後のコソボでは「お前たちにとって俺たちはいつも悪魔だろう。出ていけ」と幾度となく怒鳴られた経験が私にもある。

剣呑な空気がじっとりと絡みついてきた。こんな時は、雰囲気に気圧されてもいけないし、また傲慢になってもいけない。受け入れてもらえるための謙虚さを改めて心がける。手前の小屋の扉をノックする。

出てきたのは四〇歳位の小柄な男性だった。取材を申し込んだ。あなたの現状を、そしてあなたがなぜここで生活をしているのか、それを聞かせてくれないか。しばしの逡巡の後、男性は黙ってうなずき、部屋に招き入れてくれた。妻と母が傍らにいた。

ドウシャン・ブコメノビッチは、コソボのオビリッチにある電気コンビナートで一八年間働いていた。会社があてがってくれたプリシュティナの寮に、二人の息子と親子四人で暮らしていた。空爆が終わる直前に息子たちはコソボを逃げ出したが、ドウシャンは妻と家に残った。財産を守りたかったのと、先祖代々暮らしてきたこの土地から出ていくことがどうしてもできなかったのだ。

コソボに対するセルビア人の執着は、到底外国人には理解できない。著名な軍事評論家がかつてユーゴスラビア大使に、コソボは元来貧しい場所で、援助ばかりさせられる赤字の地域ではないか、セルビア本国は火薬庫と決別する意味でも切り離した方が良いではないか、と具申をしたことがあった。大きなお世話とはこのことであろう。経済的な観点から見れば確かにそうである。しかし赤字であろうが、金食い虫であろうが、決して手放せない土地。中世一四世紀以来の精神的な帰依をする土地としてコソボは彼らの中で存在している。

ドウシャンは難民の大移動が始まる中、踏みとどまることを決意したが、現実は想像以上に厳しかった。怖くて部屋の中から一歩も外には出られなかった。買い置きの食糧がなくなると夜になるのを待って懇意のスーパーまで買い出しに走った。戸外ではセルビア語を一切話さなかった。

これ程までに家に執着していたドウシャンだが、ついに身体を壊してしまった。コソボ内での病院にかかる勇気はさすがになかった。ベオに向かうことを決意して、見回りにきたKFORの兵士に相談を持ちかけた。私は妻とベオの病院に行くためにしばしここを離れる。ついてはあなたたちKFORに警備をお願いしたい。その代わりに帰ってくるまで自由に部屋を使っていただいていい。

北アイルランド人のスティーブという名の兵士がこの提案を受けた。ドウシャンは彼に鍵を渡し、妻につきそわれてベオに向かった。これ以上ない強力な警備体制を敷けたと安堵《あんど》していた。

ところが、二週間程養生してプリシュティナに戻ると、知らない家族が自分の家で暮らしていた。驚いたドウシャンはKFORに向かって問い詰めた。なぜ、私の家に見知らぬアルバニア人が住んでいるのか、警備を依頼して鍵を渡したではないか。

KFOR側の回答はこうだった。

「当初、提案通り我々もあの家を使用していた。しかし、八月一五日に彼らがやってきて『ここは自分たちが二万マルクで買い取ったのだ。話がついているから明け渡してくれないか』と言われたのだ。それで彼らに引き渡した。あなたたちはすでに家を売った後に我々に鍵を渡したのではないか」

何が問題だと言わんばかりだった。登記も権利書も関係ない。住んでしまった者が、居住権を主張しているというのが当時のコソボ情勢。

ドウシャンは自分の判断を呪った。一時たりとも他人を信用してはいけなかった。あれだけ執着していた家をこうして失ってしまった。まるで不動産業者の言う居抜きのように家具も食器も電化製品も全て奪われた。彼に残された選択は、妻と一緒にベオへ向かい難民登録をする

レスニックの難民キャンプ（撮影／木村元彦）

ことだけだった。

私はだから今、ここ（レスニック）にいるのだと彼は生気のない表情でポソリと結んだ。

「ベオのイギリス大使館に赴いてスティーブの責任を問うたのですが、何も回答は得られなかった。もはやあの家は二度と返ってこないのです」

妻のアンゲリーナが首を横に振って続けた。

「こんなことならせめて家財道具だけでも持ち出しておくべきでした。今でも家族の食器の色を覚えています」

突然、ドウシャンが立ち上がった。壁際の蛍光灯のスイッチに指をかけて三、四度続けて操作した。カチ、カチと乾いた音が響いたが、室内の明度は一切変わらない。

「四日前から電気が止められた。このキャンプ自体が電気代も払えない。夜は全てのバラックが闇に包まれて真っ暗だ。何もやることがないので六時になったらただ眠るだけ。共和国政府の援助は無く、ＵＮＨＣＲ（国連難民高等弁務官事務所）が時折食糧をくれる。それだけだ」

小麦粉一〇キロ、じゃがいも一〇キロ、今度は母親のマルタがそれをテーブルに載せて見せてくれた。白髪頭を揺らしながらこれで三ヶ月分なのです、と。

「いや、パンはなくてもいい。でもせめて電気はないと困る。この寒波の中で中世みたいな生活はできない」

隣室を覗く。埃だらけの六畳程の空間に二段ベッドが二つ。窓がないので日中でも暗く、子どもの衣類が散乱している。シャワーはなく、糞尿まみれのトイレが一つあった。きつい臭気が隣の部屋にいても鼻をつく。二部屋しかないこのバラックに他に七人、三家族が住んでいる。電気がないので薪で暖を取り、湯を沸かして身体を拭く。

「今、欲しいものは」と聞くと、

「この辺りに住んでいるアルバニア人と同じ位の自由がコソボで欲しい。けれどもう無理であることも分かっている。プリシュティナへ無事に帰ることは難しい。あの空爆から民族の共存が不可能になってしまった。米国はテロというものの怖さを身をもって知る必要があるだろうよ」

ここ二年間の苦労は、壮年期にあったドウシャンをみるみるうちに消耗させたのだろう。年齢よりも遥かに老けて見える外見、そして覇気の感じられない所作。

突然の生活空間への侵入を詫び、辞した。

外に出ると一〇代後半に見える二人の若者がこちらを見ていた。柔らかな視線だった。俺の部屋も見ていけと少し離れたバラックに案内された。

やはり二部屋に三世帯が暮らす。狭い室内で子どもたちが走り回り、それを母親が叱り飛ばす声がコンクリートに跳ね返る。二人の少年、ドラキシャとボグタツの寝室は土間だった。簡易ベッドの脇にはチップスの屑が散らばっている。

「三日も四日もこんなものしか食ってねえ。夜は真っ暗で、ドアのところからゆっくりゆっくり歩いてベッドを手探りで探す。毛布にくるまって寒さをしのいで朝までじっとしてる。学校は行ってない。肉体労働の仕事がある時は出かけるが、それすらも最近はねえんだ」

コソボ難民の子どもたちがベオの学校に入っても、うまく溶け込めないという現象が起きている。コソボ訛りが虐めの対象になり、あげくお前らはシプタルの仲間だと蔑まれることで二重の心の傷を受けるのだ。同胞からも受ける差別は子どもたちの足を学校から遠のかせている。

仕事においても同様の窮状は変わらない。〇二年になってセルビアでは四つの官製銀行が潰されている。

コシュトニッツア新政権は社会主義時代の過剰人員を整理し、民営化への手続きを急激に推し進めている。かつて東欧諸国が一九九〇年代初頭に踏んだプロセスである。しかし、この銀行の倒産で関連企業も含めて約八〇〇〇人が失業した。そして真っ先に首を切られたのは政治的弱者であるコソボ出身の人間であった。空爆後コソボ選出議員は消滅し、土地なき難民たちの利益を守ってくれる政治家はいない。苦労して職に就いてもリストラがあればすぐにそれを失ってしまう。

実は同行してくれたゾランがそうだった。コソボのペーチから両親、祖母、妹と一緒に逃れてきてベオで郵便局の仕事を見つけたが、三ヶ月でクビになり、皮肉なことに難民支援組織に拾われたのだ。ドラキシャもコソボへの帰還については悲観的だ。

「もう戻れねえよ。俺たちの軍隊が向こうに入らない限りは難しい」

セルビア治安部隊が再びコソボに入ることはもはやあり得ないだろう。

とその時、何やら拡声器で呼びかける声がした。

瞬く間にバラックというバラックから人が大きな器を持って飛び出てきた。久しぶりに食糧配給車がキャンプに来たのだった。ドラキシャについていくとすでに人々は車の前で粛々と列を作って寒空の下で食べ物の配給を待っていた。日本の学校給食を思わせる寸胴から肉とパプリカとトマトのスープが配られる。煮込んであってそれなりにうまそうであるが、量は一人に一杯ずつ。しかもそれが二日分だという。カロリーを必要とする冬場にこれでは足りない。

忙《せわ》しなく分配をしているＵＮＨＣＲの職員に聞けば、予算が削られて配給は昨年より七割は減ってしまったと言う。

これも取材だ、一人前もらって味見をしようかと一瞬でも脳裏に浮かんだその考えを恥じた。寸胴には次々に手が伸びてくる。配っても配っても一向に列は減らない。その情景を見ているとで横でゾランが言った。

「だけど、レスニックはまだましな方だ。ここよりも厳しい状況の地域があるぞ。行ってみるか」

異論のあるはずがない。

### ▼グロクツカの難民キャンプ

車で乗り込むと二〇分で瞬く間にグロクツカに着いた。首都近郊でいかに難民が点在し、溢れていることとか。ゾランはベオグラードだけで二万五〇〇〇人と言った。

ここがレスニックよりも悲惨なキャンプだという話は悲しい事実だった。レスニックは住居の母体が工場ということで武骨な造りであるが、まだ建物と言えた。しかしグロクツカは難民たちが蛇ややぶ蚊が群れる草地を自分たちで開拓して造った掘っ建て小屋の集合体だった。水道は通っておらず、洗濯などの生活用水はたまにタンクローリー車がやってきて補充する。飲料水は五キロ離れた場所まで汲みにいかなくてはならない。

電気は？　それはあった。レスニックですら止められていたのになぜか。はなから送られてきていないので盗電しているのだ。地上を走る送電線に銅線を絡めて家の中に直接引き込んでいる風景を見た時、激しいデジャブ（既視感）に囚われた。かつてコソボのアルバニア人たちが、課税を拒否して停電させられた時にこの方法でしのいでいたものだ。

ここグロクツカで最初に出会った老婆ユリッツア・ストヤノビッチの脱出劇の話。

一家はセルビア正教の修道院で有名なコソボのデチャニで暮らしていた。空爆が始まる約一年前、近くのドブラク村でセルビア治安部隊とＫＬＡの戦闘が激化してきたために、デチャニの修道院の中に退避した。同じように避難してきた家族が他に三〇世帯いた。やがて空爆が始まり、デチャニが陥落すると修道院を離れてモンテネグロに逃げた。そこで二ヶ月暮らし、グロクツカに来たと言う。

盗電は危険ではないかと聞くと、確かに素人工事だし、漏電しての火事も怖いが、背に腹は替えられないとユリッツアは言った。小屋の横には開墾した六坪程の小さな畑と、その脇にはベッドのスプリングで囲いを作り、中で山羊を飼っている。

「去年までは赤十字から小麦とマカロニとウサギの肉がしばしば回ってきた。でも今年はほとんどない。自給しないとやっていけない」

家に上がれと言うのでバラックの中にお邪魔する。台所に腰掛けて改めて話を聞いた。流しの上にはジュース一本と豚肉のペーストの小さな缶詰が三つ。

「朝昼晩とこればかりなのよ。でも肉は身体が温まる。飢えと寒さにはこれが一番」

そして客人にはまずこれを、と自家製のラキヤ（梅で作ったブランデー）を取り出しグラスに注いだ。バルカンのホスピタリティーを凄いと思うのはこういう時だ。貧窮極まる難民の家庭で幾度もてなされたことか。しかし、それが彼らにとっての尊厳なのだ。こういう時はありがたく頂く。一気に煽ると強烈なアルコールが胃壁にぶつかってくるのが分かる。

いつの間にやら狭いキッチンに人が集まってきた。この部屋に二世帯が暮らしている。全部で五人が椅子に腰掛けた。

「この刑務所よりもひどい居場所に移ってから二年になるけれど、共和国政府から足を運んでくれた役人は一人もいないのです」

棄てられているという喪失感が全員を覆っている。今、ハーグに収監されたミロシェビッチ前大統領が裁判にかかっている。少数者として孤立した自分たちを助けてくれる救世主として、かつて彼を支持したこのコソボのセルビア人たちは、今の状況をどう見ているのか。

「ミロシェビッチは悪い奴だろうよ。だが、ミロシェビッチだけが悪いんじゃない。俺たちにとって政治家はもう誰だっていい。俺たちは誰からも襲われないまともな生活がコソボでできればそれでいいんだ」

壁際の男が言った。

では、コソボへの帰還運動についてどう思うのか、国連決議でもあの土地はまだユーゴスラビア領と認められている。独立した外国でもない生まれ故郷にあなたたちが戻る権利は、十分にあるのではないか、と問うた。

五人が五人、一様に首を振った。

酷な問いだとは思いながら尚も、共存は無理ですかと聞いた。

すると今まで気丈に振舞っていたユリッアが、黙って一枚の新聞記事を戸棚から取り出した。切り込み写真には見るも無残な男の背中が写っていた。火傷と痣で地肌がまるで月面のクレーターのように爛《ただ》れ、膿《うみ》とケロイドでデロデロに膨れ上がっている。

「私の息子です。修道院から逃げる直前に拉致されて、KLAのオフィスで拷問を受けたのです」

それは朝の八時から夕方四時まで、休むことなく続いた暴行だった。拉致の情報を聞きつけた、近所に暮らす仲の良いアルバニア人が間に入ってくれてようやく息子は解放された。出てきた時、衰弱がひどく歩くこともできなかった。ユリッアは息子の死を覚悟した。そしてその理不尽さを呪った。これはおそらく「報復」で済まされる死なのだろう。

悲嘆にくれたが、しかし、奇跡は起こった。コソボで有名な天才外科医、トマノビッチ教授に連絡がつき、診てもらうことができたのだ。

ユーゴ国内で魔法と賞賛されたトマノビッチの手術を受けて、息子はようやく持ちなおした。

「KLAとの間に入って助けてくれたアルバニア人の友人には、本当に心から感謝しています。悪いのはKLAとアルバニア本国からやってきたテロリストたちです。でもこんな仕打ちを受けてどうしてまた帰れましょうか。戻ってもただただ殺されるだけですから」

恐怖が蘇ってくるのか、頭を抱えてへたり込んだ。

ユリツアの息子も助けがなければ間違いなく殺害されていたのだろう。郷愁に胸も焦がさんばかりの憧憬の故郷、と同時に恐ろしさで身も竦《すく》む恐怖の町。自己崩壊しかねない複雑な感情、心の中でどう折り合いをつけて良いのか自分たちも分からない。彼らにとってそれが今のコソボだ。

刻々と身体の芯が冷えてきた。時計は午後四時を回っている。一月の日差しが弱まるには十分の時間だ。まもなく日はとっぷりと暮れるだろう。することもない彼女たちは、これからこの埃だらけの狭い空間で身体を寄せ合って眠るのだ。これ以上、気を遣わせてはいけない。礼を言って部屋を出た。

歩きながら粗末なバラックの集合体を振り返る。全部で一五程の部屋に、コソボの家を追い立てられた約一〇〇人が押し込められていると聞いた。

ポツポツと灯され出したそれぞれの窓の灯りを見ながら二つのことを考えた。火災と隣合わせの盗電の危うさ、そしてあの窓の数だけあるそれぞれの拉致や暴行の記憶を。

## 二　真っ先に見た事務局長

### ▼開示された死のリスト

グロクツカを後にベオグラードの市街地に車を走らせる。今日は一三〇〇人協会のオフィスにＵＮＭＩＫからの定期連絡が入る日だ。

真相究明に関する情報を待ちわびる事務局長のオリベラが最も期待し、最も忙しくなる日だ。難民生活を強いられる中、いつもオフィスでは、たった一つしかないスーツを丁寧に手入れしながら着続けている気丈なオリベラ。顔を思い浮かべながら解決の糸口が運ばれてくることを念じた。

オフィスのあるビルに着き、らせん階段を駆け上がると、ステップを上がりきったところで停止させられた。二階には拉致被害者の家族が集まっていた。ＵＮＭＩＫからの報告を聞く現場には部外者は入れない、席を外してくれと職員が言う。

テーブルの中央にそのスーツ姿のＵＮＭＩＫの職員、それを囲むように家族が一〇人程いただろうか。オリベラは自席から「後で」と眼で言ってきた。

仕方なく、一階に降りて待つ。階下には三組の家族が待機していた。そのうちの一人の女性に見覚えがあった。

ナディツア・パウロビッチ。

半年前、彼女は大統領府前の抗議行動に参加していた。額縁に入れた両親の写真を胸に掲げて悲痛な声で泣いていた。父はモウツア、母はスレテンカ。一九九九年六月に行方不明になったと言っていた。

思い出した。

父はプリズレン大学の神学部を卒業し、コソムスカ・ミトロビッツアとペーチの間にあるイストックという村で高校の教師をしていた。コソボの他の地域と異なり、素朴な村はさして大きな諍《いさか》いもなく時間が流れていた。

やがて戦闘が激化し、空爆が始まった。

空爆後、ナディツアはKLAの襲撃を恐れてベオに逃げたが、両親は残った。近所のアルバニア人とも友好な関係を築いていたという自負もある。父は何を恐れて逃げ出す必要がある、何も恥ずかしい悪事をしたわけではないのだからどんなKLAが来ても平気だ、とナディツアの誘いを断った。父同様にイストック村には四〇人のセルビア人が残った。そこにはこの村では自分たちは共存していたという誇りがあった。

しかしこの判断は、大きな間違いだった。ナディツアがベオに着いてから突然両親との音信が途絶えた。心配になったナディツアは七月一日に友人のムスリム人に家を見にいってもらった。情報が入った。家は跡形もなく燃やされており、両親はいなかった。イストックの残りの四〇人のセルビア人も全員が行方不明になっていた。あの時、自分が強引に両親を連れ出していれば良かったと彼女は盛んに悔いていた。

ナディツアは私の存在を認めると、

「覚えています。今日は早く情報が知りたくてここに来た。ただ怖くて二階には上がれないのです。スペイン人に聞いたらイストックにはすでにセルビア人の墓が大量に建てられたというのです」

真実は知りたい。しかし、もしも耳を塞ぎたくなるような生々しい現実をそのまま突きつけられたら自分は平静でいられる自信がない。だから「結果」だけを知りたい、と言った。

「結果」？　この時はその意味がよく分からなかった。

重苦しい空気が漂い、やがて三〇分程経った頃、階上が急に騒がしくなった。会合が終わったのだ。UNMIK職員がらせん階段から姿を現し、家族が次々に降りてきた。憔悴《しょうすい》した顔。紅潮した顔。いったい何が話され、報告されたのか。

人が途切れるのを待って階段を駆け上がった。オリベラが自席にいた。

「特別にあなたに見せましょう」

淡々とした口調でテーブルに招かれて示されたのは書類の束だった。一読する。名前、性別、年齢の項目があり、びっしりと埋まっている。ハッとした。もしかしてこのリストは……。

1300人協会事務局長オリベラ（撮影／木村元彦）

不吉な予感が頭をもたげた時、オリベラの言葉が頭上から降ってきた。当たってしまった。

「ＫＦＯＲがコソボに入城してから殺害された人々の名簿です。今日、手渡されました」

確認された死亡者のリスト。結果とはこのことだったのか。冷静だったオリベラの声が震えている。

「私たちは単に殺されたとか……、殺されていないとか……、そんなことが問題なのではありません。誘拐や拉致の内実がテーマで活動しているのです。このように死んだ人のリストだけを求めているのではありません。具体的にいつどのように殺されたのか、遺体はどこにあるのかを知りたいのです。これだけをポンと渡されていったいどう納得できるのです？　そもそも名前まで明確なこの死亡者の情報をＵＮＭＩＫはいったいどこから入手しているのか。一三〇〇人協会がそれを追及しても教えてくれません。真相を知っているはずなのに。でも……。これも受け入れなくてはならないのです」

最後のページをオリベラは突然指差した。

「夫の名前もここにありました」

ニコラ・ラデ・ブディミール。

オリベラを見た。事務局長であるがゆえに真っ先に直面させられた事実。

「でもまだ信じられません。夫の遺体をこの眼で見て、DNA鑑定されるまでは」

経緯の説明を全くなされずにリストの形で一方的に肉親の死亡を通告される。一〇〇パーセント殺人事件であるにもかかわらず、それを犯した人間については一切触れられず、罪の訴追はなされない。不可解で不誠実なUNMIKの対応に絶望してもおかしくはない。それでも彼女は気丈に振舞う。

私はオリベラに何かを言わなければいけない。

事務局長として、たとえその遺体が発見されたとしても、もはや自分だけの問題ではない。あなたはまだこの活動に関わっていくつもりということなのですね。

オリベラはじっと聞いていたが、苦笑しながら口を開いた。

「夫の遺体ということが判明したら、この会からは離れます。そうなれば私がもうこの運動に関わる理由がないではないですか」

何と馬鹿なことを言ってしまったのか。悲劇の最中にいる人間の行動を様式としてまとめようとしているではないか。そこには痛みを知ろうとする想像力が圧倒的に不足している。

しかし、オリベラは言葉を失って俯く私に向かってこんな言葉を忘れなかった。

「でもまだ活動はやめません。夫の遺体を見せられるのはきっとまだまだ先でしょうから」

▼コソボの赤ひげの失踪

誰からも尊敬されていた、とベリッツエは胸を張って今でも言う。夫のアンドリヤを皆がドクトル・トマノビッチ、あるいはゲニオ（天才）・トマノビッチと尊称を繋げて呼んでいた。

コソボで誰からも？　つまり全ての民族からということ？

そう、誰からもよ、とベリッツエは念を押す。彼は患者には国境も民族籍も関係ないという信念だったから。

夫アンドリヤ・トマノビッチは外科医だった。プリシュティナ大学医学部学部長・同総合外科部長にしてセルビア外科医師協会の副会長、そして国際赤十字のメンバー。その肩書きの多さもさることながら何より手術の技術が素晴らしかった。

一九九三年にはリュプリャン出身のアルバニア人女性の難度の高い心臓手術を成功させている。八〇分近く仮死状態であった患者を、最後は電気ショックで奇跡を起こし蘇生させた。

九七年には右手を工場で切断された同じくアルバニア人男性の患部を見事に縫合した。手術から二ヶ月程経ってから、ベリッツエがアンドリヤとプリシュティナの市街地を歩いていると、通りの向こう側から退院した患者が大きな声で呼びかけてきた。

Doktore! ovo je vasa saka!（先生、これはあなたの手ですよ！）

千切れんばかりにその手を振り、感謝のその言葉は何とセルビア語で発せられた。ミロシェビッチによる自治権剝奪で主要行政機関から追い出されたり、あるいは自らボイコットしたりしてアルバニア人たちは独自の社会を形成していた。セルビア人とアルバニア人の対立構図はすでに明確になっており、コソボでは二つの民族による二重構造（パラレルワールド）が形成されていた頃である。アンドリヤのこの手術譚はニュースで大々的に取り上げられた。おそらく日本であるなら必ずや「コソボの赤ひげ」という見出しが躍ったに違いない。

アンドリヤは三六年一二月七日に生まれた。

トマノビッチ家は代々インテリの家系で、父親は言語学者だった。後に彫刻家になる兄がいた。天才外科医と賞賛された手先の器用さはこの兄に似たのかもしれない。

父親が、マケドニアのスコピエ大学にセルビア語学科を創設するに伴い、四六年にベオグラードからこの旧ユーゴスラビア最南端の共和国に一家で移った。家族平穏に暮らしていたが、六三年にスコピエ大地震が起こり、トマノビッチ家はその年コソボ州州都プリシュティナにやってきた。

すでに医者になっていたアンドリヤは、この地で音楽学校の教師をしていたベリッツエと知り合い、結婚したのだ。

コソボしか知らないベリッツエから見て、他の共和国での生活経験があるアンドリヤは、民族間の壁を軽々と乗り越えられる生粋のコスモポリタンに思えた。そして連れ添ううちに、それが医療という現場でいかに重要であるかということを改めて思い知った。

九九年四月、ＮＡＴＯの空爆が始まると、その精神の下にアンドリヤは病院に八〇日間泊り込んだ。運ばれてくる怪我人に不眠不休で治療処置を施した。

五月のある日、深夜に電話がかかってきた。

「兄が大怪我をしました。診てやって下さい」

言葉の使い方からしてアルバニア人であると分かったが、すぐに病院に運ぶように伝えた。やってきた患者はＫＬＡの有名な司令官ガシだった。

アンドリヤは顔色一つ変えずに手術を行った。

治療は無事に終わり、ガシと弟は礼を言って去っていった。対立するテロリストであっても「患者に差別なし」が彼の口癖だった。西側メディアとそれを鵜呑みにしたＮＨＫの国際部の記者までが、現在コソボではセルビア兵によってアルバニア人の人間の盾が作られていると盛んに喧伝していた頃である。

空爆が終了すると、投獄されていたアルバニア系政治犯の釈放を求める書類にアンドリヤはセルビア側の要人としてサインをする。ＫＬＡ幹部が出てくることで治安の悪化を心配する声が圧倒的であったが、彼はＫＦＯＲもいるし心配ないとつっぱねた。教職に就くベリツエにとって夫は誇りであった。

そのアンドリヤが姿を消したのは、空爆が停止してから二週間が経った六月二四日のことだった。いつものように職場に出勤し、今後の病院の体制についての話し合いに出ていた。このプリシュティナの医療施設からセルビア人が出ていかなくてはならないのならば、その引継ぎもある。アルバニア側医師団との会議は午前一杯かかった。

午後一時、アンドリヤは自宅にいる娘に電話を入れた。

「これから帰るぞ」

娘は昼食の準備をして待っていた。ところが父はその日は夜になっても帰ってこなかった。帰宅すると言ってから急患が入り、病院で寝泊りしてくることもあるのでさして心配をしなかったが、翌朝に病院に電話をするとトマノビッチ医師は昨日確かに帰ったという。

異変が起こっていた。友人や親戚に電話をかけ捲《まく》った。しかし、どこにもいない。慌てて母親に連絡を取った。

この時、ベリツエはベオで建築家をしている息子から初孫誕生の知らせを受けており、首都にいた。息子の身の回りの世話を焼いて二週間程でプリシュティナに帰る予定だったのだ。ベリツエは半狂乱になってコソボに帰ってきた。あんなに初孫に会えることを楽しみにしていた夫が突然消えてしまった。

個人による死に物狂いでの捜索活動が始まった。

「この人を捜しています」とセルビア語とアルバニア語で併記したビラを作りKFORに頼んで撒いた。信頼の厚かったドクトル・トマノビッチの失踪ということで、アルバニア人たちも捜索に協力してくれた。

やがて一人のアルバニア人の目撃者が現れた。あの六月二四日、アンドリヤが病院から出てきたところに二人の男が襲いかかるのを見たという。

「彼は足を使って必死に抵抗していたが、やがて強引にルノーの車に押し込まれてしまいました。その後車は猛スピードで去っていきました。昼の一時過ぎ頃でした」

目撃者は一部始終を見ていたがKLAが怖くて何も動けなかったという。


ベリッエは今、コソボを捨て一三〇〇人協会の職員となっている。

いかにも元教師というてきぱきした態度と、安心感を与える物腰の柔らかさで、被害者の家族や関係機関からも信頼されている。連日連夜、国際機関や政府機関にコンタクトを取っている。回答は相変わらずないが、夫については希望を捨てていない。

「夫は自分の人生の三六年間をコソボの医療に捧げた人ですよ。戦闘員でもない六四歳の初老の医師を誰がいったい何の理由で殺すのです？　私はまだ信じています」

反面で彼女は仕事柄悲しい現実を知っている。

「届けられた被害者を集計してみると誘拐されたのは身体障害者やガン患者、子どもがいかに多いかが分かります。それもさらわれた現場は工場や学校、幹線道路などの人目につきやすい場所ばかり。ＫＦＯＲが駐留した後にこんな悲劇が巻き起こるとは予想もしませんでした。あの軍隊の本来の目的は、民族籍に関係なくコソボに残った人間の安全を保障することです。しかし、悲劇は起こってしまった」

ＫＦＯＲの存在理由を信じ、ＫＬＡの政治犯の釈放の同意書に調印した夫の無念さをベリッツエは語っているようだった。

「私はセルビア軍に追われて離れ離れになっていたアルバニア人の家族の方々が再び一緒になれたと聞くと、素直に良かったと感じます。でも我々にとっての問題は何一つとして解決していないのです。二日前、また新しい二件の誘拐事件が報告されてきました」

激高するでもなくまたため息をつくでもなく、ベリッツエはパソコンの画面をスクロールさせた。すでに入力されている拉致被害者データに新しい二人の名前が加わっている。

二〇〇二年の段階で被害者の数は会の名前である一三〇〇人を大きく超えている。コシュトニッツア大統領は、二〇〇〇年の一一月にストラスブールの欧州議会で、この拉致誘拐事件について問題提起をした。しかし、未だに真相を露《あらわ》にする動きや具体的な解決策は返ってきていない。

ユーゴ政府はそれ以上の深追いをしない。

## ▼ＵＮＭＩＫへの陳情

二〇〇二年一〇月一六日午前一一時。

ベオグラードのセルビア正教の主教府前は、プラカードを掲げる一三〇〇人協会のメンバーで埋まった。この日、ＵＮＭＩＫのミハエル・シュタイナー事務総長特別代表が、パブロ主教を訪問することになっていた。コソボ統治の行政最高責任者が主教府にやってきたところを待ち受けて、拉致問題解決を直訴しようというアクションだった。

ほんの一時間前、一三〇〇人協会のオフィスでは、一人の男の怒鳴り声が窓ガラスも割れよとばかりに響き渡っていた。会の代表であるシーモ・スパシッチが長引く会の方針会議に業を煮やしてキレたのだ。

「いつまでこんなことをしているんだ！　今日シュタイナーが来るんだ。あいつを取り囲む方法でも考えろよ。身内で傷を舐《な》め合ってるだけで問題が解決するわけじゃねえ。みんな動けよ！　プラカードの準備だ！　新聞やテレビにも取材に来るように念を押せ！」

らせん階段の下からガンガン足を踏み鳴らし、二階に向かって叫ぶ。ツルツルに剃り上げたスキンヘッドの風貌に、アディダスのトレーニングウエアに包まれた一八〇センチの巨軀は迫力満点だ。諫める他のスタッフに向かって怒鳴り返すと私の方を向き、

「会議なんてなあ、自己満足だ！　そう思わないか」と同意を求める。

取材をしていくうちに分かったのだが、一三〇〇人協会には運動方針を巡って二つの派が存在する。オリベラやベリッツエに代表される穏健派とスパシッチのような民族色の濃い強硬派。彼らはアルバニア側への攻撃的な言説を至る所で展開している。

スパシッチは一九九八年に実兄をプリシュティナで拉致されている。空爆の前、すなわちセルビア治安部隊がまだコソボに駐留していた頃である。現政権のみならずミロシェビッチに対してでも自分たちコソボ内のセルビア人の人権は軽視されていた、という絶望的な不信感が強い。セルビア治安部隊がいても拉致されて殺されるのだ、況《いわん》や空爆に屈して撤退させればどうなるのか分かっていたではないかとなる。そういった背景が彼を棘のように先鋭化させていた。

主教府前に現れたスパシッチは、集まった人員の配置からメディアに対する対応まで、一切の指揮を執った。

まず建物の入り口から車道に向け、プラカードを掲げたメンバーを両脇に並ばせてゲートをこしらえた。シュタイナーをこの「花道」で迎えようという隊形だ。階段上の扉前ではすでにパブロ主教が出迎えに出てきている。

隊列の端に加わっている老婆に話を聞いた。黒いショールで顔を覆い、家族の写真を胸に抱いている。肩を小刻みに震わせながら話し出した。

彼女は「生還者」だった。

ヴェトラ・コスティッチ。三八年生まれ。事件が起こったのはこれも空爆前の九八年七月一八日夜半過ぎ。

「オラホバツから三キロ離れたラトィリエ村に自宅がありました。そこに制服を着たKLAが突然やってきて、銃を突きつけられたのです。『トラックに乗れ』と脅されるままに表の軽トラックに連れ込まれ、私を含む一族五人が一度に拉致されました。車は山奥に入り、どこを走っているのか分からなかったですが、夜目にも複数のジープが連なっていることは見当がつきました。明け方に山小屋のようなアジトに着いて降ろされました。そこで全員が監禁されて、二四時間後、私だけが釈放されたのです。放心して歩いていると山中に赤十字の車が来て救われましたが、二人の息子と親戚はそのまま二度と帰ってこなかったのです」

ラトィリエ村の自宅に辿り着くと家は荒らされ、家畜も電化製品も全て持っていかれていた。隣村から煙が立ち昇るのが見えて教会が燃やされていたことを知った。

「これがトウドール、これがジブコ」

ヴェトラは泣きながら家族の写真を指差す。

「いとこのラザール、ユーゴスラブ……」家の前で肩を組んで笑っている若い男たちの顔の上を、皺だらけの人指し指が滑っていく。

「築き上げたものを全て盗られたんだよ。息子は三六歳と二八歳。上の子は牧師で働き盛りだった。どうして……。誰も真実を知ろうとしないが、私は拉致されて戻ってこられた生きた証人だよ。ホルブロック（米国国連大使）にも会いにいった。それでも何ら事態は変わらず、こうやって四年間私たちは悲しい状況にある」

　――ＫＬＡはどういう具合にあなたに接しましたか。

「彼らは女性には優しかった。けれども（標的にしたのが）なぜ息子たちだったのかそれが分からない。何か悪いことをしたのなら諦めもつくけれど。もちろん生きて帰ってきて欲しいけれど、それが叶わないのなら少なくとも運命だけは知りたい。私も長くないだろうけどこのままでは死ねないよ」

　六四歳になっての難民暮らしは骨身に染みるとヴェトラは目を伏せた。それでもシュタイナーに直訴するために作り上げた看板は、しっかりと握り締めたままだ。何もかもが不安定な自分にとって今出来ること。今日の行動の機会を逃したくないのだ。

　会長のスパシッチはこの間、まるでゼンマイ仕掛けの玩具のように群集の中を走り回り、檄を飛ばしている。

「プラカードを持つ手の位置をもっと上げろ！」

「文字の向きを考えろ！」

　役者の立ち位置を指示する舞台監督さながらに、効果的なアピールの演出のために汗だくになっている。テレビカメラがコメントを求めると、スパシッチは大声を上げて思いのたけをぶちまけた。

「ＵＮＭＩＫの特別大使とセルビア主教が会うのは何のためだ？　コソボの地方選挙のためだ

と聞いている。彼らにとってはいったい何が重要なんだ？　一三〇〇人の命を放っておいてすべき話ではないだろう。まずはこの問題を解決すべきじゃないのか」

コソボの地方選挙については、セルビア系住民は独立を容認できないとしてほとんどがボイコットしている。狼のように声を荒らげるスパシッチの周囲に、自然とメディアの人間が集まってくる。通行中の市民は何事かと遠巻きにしている。

コソボの難民拉致問題は新政権に移行して以降、悲しいことにベオの一般市民の間でもさして関心をもたれていない。自らの生活で精一杯の首都の市民の中には、コソボ難民をあからさまに差別する者さえいるのだ。秋晴れの空の下で主教府前だけが、喧騒に満ちていた。

やがて到着予定時間を三〇分程過ぎた頃、

「あれじゃないか」という声が上がり、一台のメルセデスがこちらに向かってくるのが見えた。声の指摘は間違いなかった。警備のバイクに先導されて、シュタイナーの乗ったＵＮＭＩＫの公用車が滑り込んできた。

パブロ主教が車道まで出て迎える。車のドアが開いて代表が姿を見せる。両者がしっかりと握手を交わす。

スパシッチはこの間を逃さなかった。

シュタイナー目掛けて突進し、「ミスターシュタイナー、ファイブミニッツ！　ファイブミニッツ！」と連呼する。英語が堪能ではない男が五分だけでも話を聞いてくれとぶら下がった。

呼応するかのように「ゲート」をこしらえていた一三〇〇人協会のメンバーもシュタイナーを取り囲んでプラカードを差し出す。

「見つけて下さい。私の子どもを」「捜して下さい。私の父母を」「助けて下さい。私の兄弟を」

通じるはずのないセルビア語で口々にドイツ人の特別代表に向かって懇願の雨を降らす。シュタイナーは警官に周囲をガードされながら、主教府に向かってゆっくりと歩を進める。群集がそれにつられて揺れる。

シュタイナー自身はこのアクションに否定的な素振りを見せるわけでもなく、傍らで張りついているスパシッチに顔を向けて相槌を打つ。それでも決して立ち止まろうともしない。そのスタンスが今のUNMIKを象徴しているように思えた。

国連決議ではまだコソボはユーゴスラビアの一部である。しかし、実質的には非アルバニア系の住民のほとんどが追い出され、通貨単位も外貨のユーロに切り替えられ（セルビアはディナール）、明らかに異なる国へと変容している。

UNMIKは、コソボ領内で今まさに起こっている悲劇を知りつつも、現実論としてその空爆後の大きな流れに沿った形で動かざるを得ないといったところだ。彼らの行政統治から見ればまたも民族衝突が起きかねない拉致問題の解決よりも、スムーズな地方選挙の履行なのだ。

シュタイナーが建物に消えていく。

これで御終まいなのか？　せめて直接会う次の会談の設定は約束させたい。スパシッチと数人は猛然と追っていくが、入り口で警備の警官に止められた。揉み合いになった。怒号が飛び交い、扉の窓ガラスが物凄い力で揺さぶられる。ヴェトラをはじめメンバーたちがプラカードを盾にして次々に殺到してきた。荘厳な宗教建築物に似つかわしくない荒れた現場にパブロ主教が止めに入った。

「まだ話は済んでいない。なぜ聖職にある者が我々の邪魔をするのだ」

スパシッチが怒鳴ると、主教はこれも真っ赤な顔をして、

「あの戦争に遭った全ての者が被害者なのだ。どうしてもこの先へ行くのなら私を殺せ」

と言い返した。響き渡る大声だった。

主教に命まで懸けられてようやくスパシッチも引き下がった。見守っていた一団もプラカードを下ろした。抗議のアピール行動はこれで終了となった。困惑と不満の表情が全ての被害者家族から見て取れた。

「自分たちの声はいつになったら届くのか」

空しさを滲ませながら、ヴェトラがそう言った。

翌日、朝一番にオフィスを訪問すると、ベリッツエはすでにデスクについて書類の整理をしていた。前日のアクションの総括を彼女の口から聞きたかった。私は、ベリッツエの自分自身を一

方的な被害者の側に立たせようとしないニュートラルな視座を尊敬し、信頼していた。

二〇〇一年の六月二八日、ミロシェビッチ前大統領がハーグ戦犯法廷に送られた直後、彼女はこんな言葉を私に投げかけた。

「我が国がミロシェビッチの首をハーグに差し出したのは、自分たちは国内法も遵守できないデモクラシーのない国だと世界に喧伝しているようなものです」

直接ミロシェビッチ逮捕の断を下したのは新欧米路線を推進する民主党のゾラン・ジンジッチセルビア共和国大統領だった。電光石火の逮捕劇はコシュトニッツアにも一切知らされず、連邦大統領はテレビニュースで初めて前大統領の逮捕を知る。

「ミロシェビッチの犯罪についてはまずユーゴ国内で裁くべきだ」というのが、コシュトニッツアの主張だった。そしてユーゴ国民の大半もこれに賛同（新聞調査で九割が前大統領の逮捕に賛成、そのうちの九割がハーグに送ることに反対）していた。

ジンジッチの決断は、米国からの援助（約五〇〇〇万ドル）と引き換えに国内法を無視したものだとベリツエは憤る。

「ミロシェビッチの戦争犯罪については、私たちセルビア人も何が行われたのか知りたいし、彼は裁かれるべきです。しかし、一方で同じように私たちセルビア民族の民間人を誘拐したり、殺したりしてきたKLAの幹部たちが、今やコソボで要職に就いているのを見ると悔しくて涙が出る。ミロシェビッチの首をよこせと言うのならハシム・タチ（KLA元司令官、現在は独立強硬派のPDK・コソボ民主党党首）もハーグに送るべきではないのか」

余談だがこの頃、セルビア人たちがよく皮肉混じりに言っていた自虐的なジョークがある。ミロシェビッチを売った金（援助金）で橋や道路ができるのなら、最大の功労者はミロシェビッチなのだから、それらはミロシェビッチ橋、スロボダン道路と呼ぼうじゃないか……。

ベリッツエは外科医の夫を拉致されながらも、ミロシェビッチの戦争犯罪をコソボのセルビア人として知りたい、知らなければならないと常々言っていた。そんな彼女は昨日のアピール行動をどう評価し、今後は何を思うのか。

「直接的な効果があったのかどうかは分かりません。しかし希望を失ってはいけない。このセルビア共和国でできることをやっていくしかないのです。アクションを起こせばスポットが当たる。しかし、私たちは自分で声を上げねば即座に忘れられてしまう存在なのです。私たちが忘れられてしまうということは、拉致された人たちも忘れられてしまうということなのです」

聞きながら、途中からおやと思った。取材には応じてくれているが、いつになく口調がきつい。一通り話し終えてベリッツエが私を睨んだ。

「いつもあなたは情報を私たちから獲っていくだけ。今回もそうですか？　たまにはあなたから教えてもらうことがあっても悪くはないでしょう」

冷水を浴びせられた気分だった。被害者の家族を見舞ってはいるが、所詮、私は傍観者だ。記事にする、ネタにするものとして行うその取材は問題解決には縁遠い。情報の搾取に過ぎない。言葉をなくしているとベリッツエは一枚の新聞を持ってきた。ベオの大衆紙「ナショナル」だった。

「この新聞にこんな記事が載っています」

見ればコソボ州の地図の中に幾つかマークが点在している。これこそがコソボ内に作られた強制収容所の分布図だという見出しが躍っている。

「おそらく拉致された人たちは、これらの収容所の中に入れられていると思うのです」

地図にはそれぞれの収容所の名と収容されている推定人数までプロットしてある。

しかし私は信じられなかった。果たしてＫＬＡにとってさらってきた人間を収容することに意味があるのだろうか。

コソボが戦時下の独立国であるならば、外交カードとして捕虜を必要とするかもしれない。しかし、抑圧された被害者として国際社会から支援を得てきたアルバニア側にとって、拉致はしてもそれを証拠として残すような収容所は作らないであろう。さらに、収監し続けるには拉致被害者に対する一定のケアーも必要とされる。北朝鮮のような統一的国家体制とは異なり、コソボ独立を熱望する武装組織であるＫＬＡにとって、そういった管理ができるとは到底考えられない。私自身、空爆後に頻繁にコソボに入っていたが、その存在の噂すら聞いたことはなかった。

生きていると信じたいのだ。

酷な言い方かもしれないが、その願望が常に理性的なベリッツエをしてこの記事を妄信させる根拠になっている。しかし、もちろん私にそれを頭から否定する権利などない。

次のベリッツエの言葉で行動を決めた。

「私たちは確かめようもない。でもあなたは日本人だからコソボに行ける」

私のような情報搾取屋でも、せめてこの収容所の存在を確認して伝えることはできるだろう。新聞のコピーを取った。この地図の現場にとにかく向かう。

## 三　コソボへ

### ▼州都プリシュティナ

ベオグラードからコソボの州都プリシュティナへ向かうには二つのルートがある。一つはコソボ北部の町コソムスカ・ミトロビッツアまで定期バスで七時間程揺られて行き、セルビア側(北)とアルバニア側(南)を隔てる川の橋を歩いて渡る方法。もう一つは、セルビア南部の都市ニシュまでバスで向かい、そこからプリシュティナへタクシーを飛ばす方法。

高速道路を使うニシュ経由の方が早く着くのだが、問題はこの方法だと州境のメルダレでアルバニア人の運転する車にチェンジしなくてはならない。ニシュナンバーすなわちセルビアの車がコソボに入ることは極めて危険であり、セルビア人ドライバーはまず行ってくれない。メルダレは山間の寂しい山道。うまく車の手配がついていないと、チェックポイントを越えてもただ人気のない車道に放り出されることになる。

ベオからコソボに入るのはいずれにしても極めて不自由だ。

NATO空爆以後の国際社会の報道が反セルビアに傾いていたのは、少なからずこの煩雑さも影響している。ほとんどの外国メディアが、約二四〇キロ離れたベオから入るよりも、九〇キロしかない南の隣国マケドニアの首都スコピエからプリシュティナを往復する方法（本来であればこの国境越えは違法行為）を取った。そのためにセルビア側の情報、あるいは視座をもつ機会が全く失われていた。せめてベオから来れば、この拉致被害者の問題ももう少し表面化していただろう。

二〇〇二年一〇月一七日。今回はニシュ経由を選んだ。

メルダレのチェックポイントではKFORの戦車が鎮座し、砲身を道路に沿う形で掲げている。その向こうに携帯電話で呼び寄せていたアルバニア人ドライバーが待機しているのが見えた。

KFORを構成する主要部隊は、コソボ内を四つの地域に分けて担当警備に当たっている。州都プリシュティナを中心にした中央部をイギリス軍、北東コソムスカ・ミトロビッツア周辺をフランス軍、南西の古都プリズレンをドイツ軍、東部ウロシェヴァッツ地方を米軍が担当。ちなみに空港周辺には心情的にセルビアに近いロシア軍が駐留している（〇三年に撤退）。

翌日、コソボ内に飛び地のように点在するセルビア人地域の一つ、グラチャニッツアに車を飛ばす。

一九九九年六月一〇日に公布された国連安保理決議一二四四条により、コソボ統治は民生部門をＵＮＭＩＫ、軍事部門をＫＦＯＲが行っている。

同決議ではコソボはユーゴスラビアの保全領土という決定がなされているが、現状は半ばアルバニア系住民が独立を勝ち取ったかのような棲み分けがされている。

正教教会のあるグラチャニッツアは州都プリシュティナから最も近いセルビア人地域であり、自然と情報はここに集まる。

この村落で暮らすセルビア人は、自分たちを「モダンな収容所で暮らす囚人」と自嘲気味に語る。村から出ることはすなわちアルバニア人地域への越境を意味し、当然ながらそれには暴行、拉致や抑留の危険が伴う。周辺の村々から難民となって押し込められたグラチャニッツアのセルビア人たちのほとんどは、八キロ足らずの州都プリシュティナに空爆終了後一度も足を運べていない。

また「収容所」と呼称するのは経済的理由からでもある。

ＵＮＭＩＫとＫＦＯＲによる行政統治が始まってから、コソボにおける流通通貨はディナールからマルク、そしてユーロへと瞬く間に切り替わっていった。それまでは縁遠かった外貨を大量に落とす外国人向けのカフェやホテルが建ち並び、軍施設での雇用も増えて基地依存型経済で大いに潤っている。プリシュティナには一攫千金を夢見て店を開きにやってきたトルコ人やインド人のエスニックレストランが花盛りだ。

一方、セルビア人地域においては現在に至るまで旧来（というかセルビア共和国同様）のディナールが使われている。よしんば最大の勇気を振り絞って州都まで出かけたとしても、彼らが持っている紙幣では買い物もできない。ディナールはまさに収容所内でだけ流通している代用通貨のようなものだというわけである。

公平を期すために記すと、アルバニア人たちもまたグラチャニッツアへは恐怖を感じて行きたがらない。民族融和の観点から言うなら明らかに空爆前よりも遊離している。

そのグラチャニッツアで一つのプレハブ小屋を訪ねた。

入り口のサッシの上には青地の看板に白く「DETINEES AND MISSING PERSONS BUREAU」（抑留者と行方不明者の事務局）との文字が抜かれている。一三〇〇人協会に聞いていたコソボのオフィスだった。支部長はサーシャ・ペーレニッチ。やはり親族をさらわれている。

この日は偶然、拉致被害者家族たちの会議の日だった。事務局では先月、遅々として拉致問題の解決に取り組まぬＵＮＭＩＫに向けて、三〇日間のストライキと一〇日間のハンストを挙行している。

集まっていた一人一人に話を聞く。

ドブリラ・ステヴィッチ（六二歳女性）。九九年に五番目の息子が行方不明に。息子は大学で美術を専攻していたが、洪水のあった日の翌朝に水の被害を調べてくると言って出ていったきり帰ってこなかった。警察に届出をしたが、以後消息不明。

ツヴェータ・スタンコビッチ（五四歳女性）。九九年に娘が家畜の世話のために家を出たまま忽然と姿を消す。手がかりはなく、「殺されたと諦めている。せめて遺体が見つかって欲しい」と嘆く。

ヴィドスラヴィ・ジョリビッチ（四八歳女性）。二〇〇〇年に近所のアルバニア人に呼び出された夫が、「ちょっと話をしてくる」と出かけたまま帰宅せず。

マルコ・マルコヴィッチ（七〇歳男性）。一九九九年六月一二日にプリシュティナテレビの運転手だった息子が小学校に呼び出されてそのまま帰らず。呼び出した近隣の犯人は現在も居住。

拉致被害者家族は異口同音に取材をされたのはこれが初めてだと言う。

私が訪問する少し前、二〇〇〇年九月二八日にグラチャニッツアでは、行方不明者の家族を招いてのある「展示会」が行われていた。ＵＮＭＩＫが主催したこの催しは、コソボ内で発見された遺体が身につけていた遺品を一斉に展示し、遺族に確認させるというものであった。

「いったい、その遺品がどこで発見された物なのか。遺体はどこにあってどういう状態だったのか。全く我々には知らされていないのです」

ペーレニッチから、コソボにおける拉致被害者の問題を追い続けている一人のフォトジャーナリストを紹介された。

ニコラ・ベセビッチ。一九七三年からプリシュティナに住み、コソボのここ三〇年にわたる劇的な変遷を体感している人物は、その名前からも推し量れるようにセルビア人だが、妻がアルバニア人であるために現在も比較的自由に取材活動を行えていると言う。対立民族の配偶者と同居しているという境遇ゆえに、対象に対するスタンスは公正であろうと踏んで取材を申し込んだ。

夜半、ベセビッチの自宅で彼の作品を見た。

行方不明者の遺品展示会の様子がパソコンのモニター上に浮かび上がった。

泥だらけのシャツ、縮れたズボンなどの大量の衣料類がテント張りの建物の中で並べられ、実物以外にも壁一面に写真が貼られている。じっと見入る遺族たち。殺された人間の遺品展示という点では、かつて見たアウシュビッツ収容所の博物館を想起させられたが、大きく異なるのはこれらの遺品が発見場所、時期などで分類されることなく、まるでスーパーマーケットのバーゲンのように山積みにされ、無秩序にその姿を晒《さら》していることだ。

生前の使用者に対する尊敬も憐憫《れんびん》もそこからは感じられない。行方不明者をもつ家族は、セールに集まった買い物客のように遺品を自分で探し、発見しなくてはいけなかったという。

ベセビッチが言う。

「UNMIKとKFORのコントロール下にあるコソボでは、遺族はこれらの組織調査に頼るしかない。しかしそれは一向に捗《はかど》らず、何より問題なのは遺体や遺品における情報が全く開示されていないのだ」

どのように、誰に、拉致被害者は殺されたのか。特に重要なのは後者であろうが、それがタブーになっている。真相究明には程遠い。孤高のフォトジャーナリストは続ける。

「私の調査でもう一つ言えるのはキッドナップされた九割が民間人であったということだ。一番良いのは、アルバニア側とセルビア側それぞれの拉致被害者の遺族が協力し合うことなのだが……」

空爆中にはセルビア民兵によるアルバニア人に対する殺戮《さつりく》が確かにあった。マフィアに属する一部の民族主義者たちは、混乱に乗じてアルバニア人の財産と生命を奪った。セルビア共和国のバタイニッツアでは、コソボで殺されたアルバニア人の冷凍遺体が多数発見されている。セルビア側の残虐行為があったこと、これは紛れもない事実である。しかし、罪のない民間人が次々に殺されている現状が「報復の連鎖」で片付けられて良いはずがない。

難民たちの中から、住居から追い出される際に、KLAはKFORの部隊と一緒に現れたという証言を多数確認している。

翌日、ベリッツエとの約束を果たすべく強制収容所の探索に出た。「ナショナル」紙の地図によれば、収容所は北はコソムスカ・ミトロビッツアのプリバトニから南はプリズレンまで、コソボ内の一七ヶ所に分散している。その中でプリシュティナに最も近いプュリャンチョル村に向かう。そこに拉致されたセルビア人の人々が収容されているのだろうか。ベリッツエの夫ドクトル・トマノビッチもそこにいるのだろうか。

結果は空しくも予想通りだった。

のどかな農村風景が連なるばかりで収容所らしきものは一向に見えてこない。

プュリャンチョル村に入り、地図と照らし合わせて幾度も確認したが、それらしいと感じる建物すらなく延々と荒れた畑が続くのみ。街道沿いのちっぽけなカフェに飛び込んで聞けば一笑に付された。

「セルビア人記者が憶測で書いたのだろう」とフルガイと名乗る村長は言った。

プュリャンチョル村は、イスラムではなくカトリックを信仰するアルバニア人の住む村であった。それゆえか対立感情もさほど感じられないこの地域に強制収容所があるとは考えられない。フルガイの言うようにセルビア人記者は取材に来ていないのだ。収容所の記事の信憑《しんぴょう》性は一気に崩れた。

おそらくは記された他の一六の収容所も同様であろう。では拉致された人々はいったいどこに消えたのか？　ベリツエにこの結果を伝えるのはあまりに惨い。

### ▼元KLA兵士の告白――セルビア人拉致と英雄主義

一〇月二〇日。プリシュティナ市内を車で抜けてコソボ北部に向かう。拉致事件に大きく関与していると言われる元KLA兵士にインタビューを取りつけることができたのだ。

果たしてKLAとはいったい何者なのか。

発足は、一九八一年四月二日にプリシュティナで起こったアルバニア人による一斉暴動である、と言われている。「コソボ共和国」のスローガンが最初に唱えられたのは、まさにこの時である。アルバニア人とユーゴスラビア連邦機動隊の衝突が起こり、多数の死傷者が出たこの事件後、暴動に参加したアルバニア人が西側に亡命し、KLAの組織化を始めたのである。

翌年からアルバニア人による軍事委員会をもち、ユーゴ連邦軍への潜入作戦を開始する。この頃の活動は総じて地味なものであり、コソボ内のアルバニア人にとっても求心力のあるものではなかった。

九〇年代後半には、コソボの独立を非暴力の対話路線で進める指導者イブラヒム・ルゴヴァ大統領と袂を分かち、政治部代表に急進派のアデム・デマチを掲げる。

パトロール中のセルビア人警官を襲ったり、セルビア人に協力的なアルバニア人の殺害を繰り返した。アルバニア本国とも密接な関係を保ち、アルバニアを独裁支配したエンベル・ホッジャの影響を多く受けていた。武器はそのアルバニア本国から密輸される中国・ロシア製のものがほとんどであった。

同時にまた、イスラム教徒としての宗教的な繋がりから、国際的テロリスト集団アルカイーダからの支援関係ももたれていた。九四年にビン・ラディン自らがアルバニア本国に渡りサリ・ベリシャ大統領と接触。やがてアフガン戦争を戦った兵士ムジャヒディンたちと共に隣国のコソボへ越境してKLAの軍事訓練を指導していたことが、CIA（米国中央情報局）によって確認されている。

このことからも分かるように、元来は超の字のつく反米武力集団であった。現にゲルバート米国バルカン特使は当初、KLAを「テロリスト集団」と呼んでいた。

激変したのは九九年のNATO空爆直前からである。「敵の敵は味方」理論で、米国は反ミロシェビッチのKLAを強力に軍事支援し肥え太らせた。

現場に向かう途中、ハンドルを握るアルバニア人ドライバーがいみじくも自ら言い放った。

「KLAは米国が作ったんだ。そして皮肉なことにムジャヒディンはいなくなっちまったよ」

市内中央部の目抜き通りは、新たにビル・クリントン通りと改名されている。車窓から見上げれば、道路を臨むビルの壁一面に「コソボ解放」の恩人として、星条旗をバックにしたクリントンが見下ろすように描かれている。

現在、コソボはかつてのアフガニスタンやイラクがそうであったように、世界で一番親米的なイスラム教徒のいる地域である。懸念されるのは、ミロシェビッチ政権打倒で共闘した米国も、コソボの独立を望んでいるわけではなく、時間の経過と共にそのギャップに、近い将来急進派のアルバニア人勢力が暴発する可能性を秘めていることだ。

めざす人物はプリシュティナから北へ約二五キロ、州境近くの町ポディエボにいた。バイロム・シャボーネという二二歳の男。近郊のツヴェチン村で生まれた。KLAに入ったのは九八年の四月一五日だったと言う。つまりはミロシェビッチが掃討作戦を展開する前である。

「有名なベトリア・フメティー司令官（後に戦死）に直接直訴をして入隊した。ポディエボには若い兵士がいなかったのですぐに採用されたよ。それまで？　マーケットで店員をしていた。入隊後は二ヶ月半のトレーニング期間を経て、すぐにラパシュニッツア村の前線に送られた」

短く刈り込んだ頭髪、こけた頬、鋭い眼光、いかにも元ゲリラ兵士という精悍《せいかん》な面構えだ。

——訓練を積んだ場所は？

「ラパシュニッツアに基地があって、その奥でやっていた。部隊の最高司令部はラパシュニッツアのモスクの中にあった。当時は食べ物もなく、武器にしても一つの銃を二人の兵士が使うといった有り様で、全く悲惨なものだった。アジトには暖房器具もなくて震えていたものだ」

——その頃の武器は何製だったのか、また入手の方法は？

「ロシア製のゾーダという有名なマシンガンが主流だったが、他に中国製、ユーゴ製、それにドイツ製もあった。入手ルートについてはいろいろな秘密があるが、盛んにセルビア人も売りにきたものだ」

まさに死の商人。麻薬や売春、武器の売買に携わるマフィアの間では皮肉なことに利害が一致して、アルバニアとセルビアの民族間の協調が成立している。

「やがてロケットランチャーが手に入って俺は砲撃手の助手になった。最後は自分で撃てるようになった。手榴弾も常時身につけていた」

急激な武器のパワーアップは、やはり米軍の武器供与によるものだった。

——CIAによる軍事教練はあなたの部隊にも施されたのか。

「組織の上の方は米国と繋がっていた。しかし、そういうロジスティックな指示や作戦はだいたいアルバニア本国から来た。他の部隊、特に国境付近のKLA部隊には本国から来たアルバニア人兵士が多数いた」

——NATOの空爆中は何をしていたのか。

「ポディエボ地域で難民の移送の管理をしていた。私の家はNATOの空爆の始まる三日前にセルビア人によって燃やされたのだ。ポディエボで唯一のKLAの家ということは皆が知っていたので真っ先にやられたのだ」

——それはセルビア治安部隊の仕業だったのか？

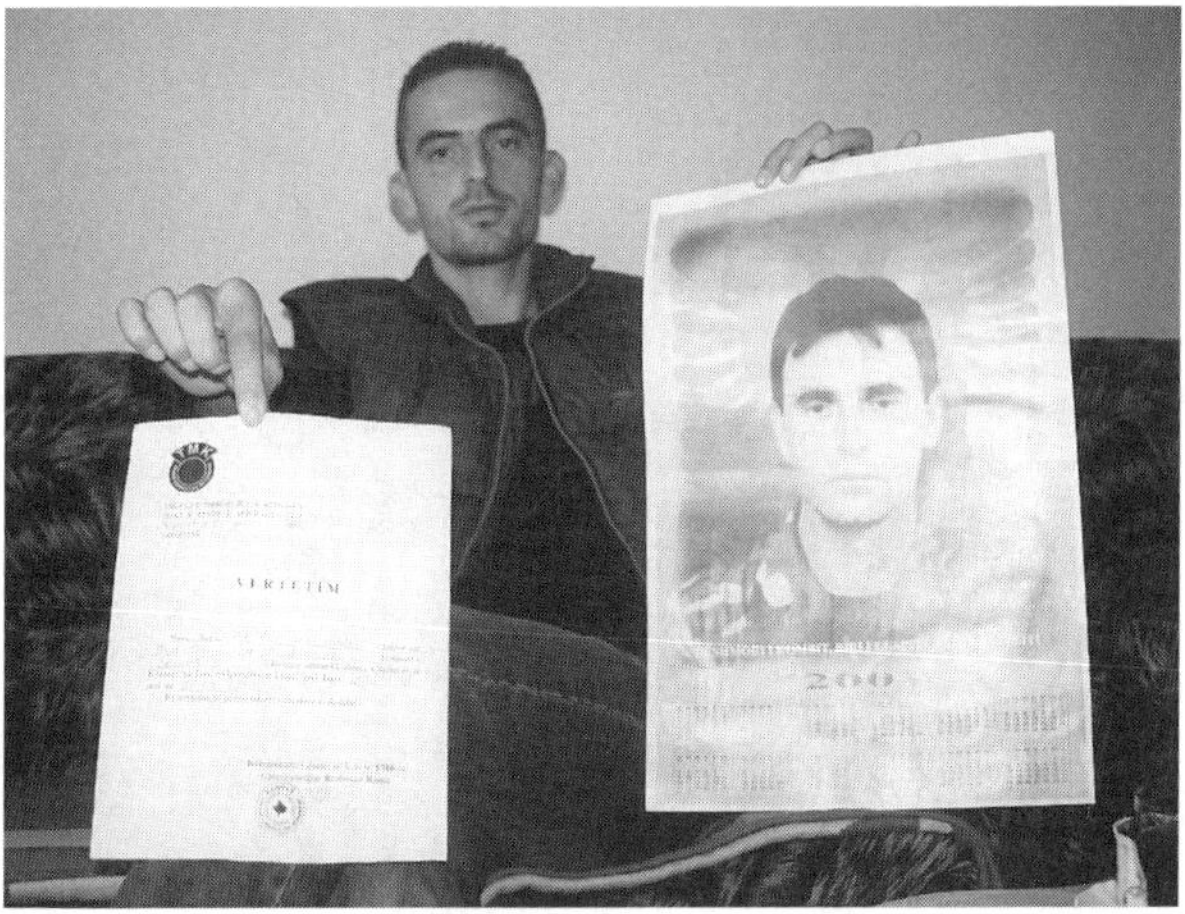

インタビューに応じた元KLA兵士（撮影／木村元彦）

「いや、望遠鏡で遠目から見ていた限りでは、顔に白いマスクをしていたのであれは民兵部隊だっただろう」

——現在コソボ内の政党はタチのPDK、穏健派ルゴヴァのLDK（コソボ民主同盟）と大きく二つに分かれているが、あなたはやはりKLA出身のタチのPDKを支持するのか？

「タチの政策には全く興味がない。むしろ俺はLDKの青年部長をしている。俺も含めてあの頃にKLAに入った奴は特に政治的イデオロギーはない。俺たちは銃を持って戦うことこそが使命で、デマチ（KLA政治部代表）のような上層部の連中の政治には関心がなかった」

ここでシャボーネはおもむろに二つの物を出して私に見せた。一つはKLAに入隊したという証明書。もう一つは九七年に戦死した最高司令官ザール・パヤジーティのカレンダーだった。

根っからの武闘派であったことが分かる。

ここでぶつけた。

――現在コソボおよび近郊でセルビア人に対する拉致事件が多発しているが、この事件に対するKLAの関与はどうなのか？

シャボーネはしばしの沈黙を守った後に口を開いた。

「ひょっとして肉親を殺された者が復讐でしたのかもしれない。私は関与していないが、セルビア人を殺すことで周囲に評価される風潮は確かにあった。英雄主義と言っていいだろう」

## 四　マケドニア潜入行

### ▼マケドニアへ火薬が飛んできた

ジェルジック・ザフィロスキ（四九歳）は、今でもなぜこうなったのか理解できないというのが口癖だ。五〇歳を前にようやくうまくいきかけたのに、と独りごちるのだ。

物心ついた頃は手先が器用だったので、最初は車の修理工を天職のように考えていた。実際その技術を独学で覚えて、生まれ故郷のネプレシュティヌ村で開業するとそこそこに重宝がられた。

自分はマケドニア人だが、近郊に住むアルバニア人もセルビア人も上客として来てくれた。それなりに食えたが、結婚して子どもも生まれると、このままではじり貧だと考えて三五歳の時に奮起して部品販売業に転業した。三年程やったが、今度はうまくいかなかった。一度店を畳んで、次にレストランとカフェを開業した。借金をしてナイトクラブをアルバニア人と共同経営したが、慣れぬ仕事の上につきあいでの散財も激しかったので結局潰れてしまった。

堅実な仕事はないかと探した。紆余曲折して今年二〇〇一年から元手のかからぬ牛乳屋を始めると、これがようやく軌道に乗りかけた。利益は大きくないが転職はもうこりごりだった。朝早く乳製品を仕入れては配達する。子どもも大きくなったし、地道にこの仕事を続けようと決心した。派手ではないが自分の人生はこれで上がりだろう。しかし、その落ち着きも束の間だった。三月になってから異変が起こり始めた。

ザフィロスキが暮らす首都スコピエ郊外ネプレシュティヌ村の民族比率は、マケドニア人とアルバニア人がほぼ同等の割合を占める。日常生活の中で互いに民族籍を気にすることはほとんどなかった。ミロシェビッチが自治権を剝奪したコソボと異なり、マケドニアでは権利保障もされており、アルバニア系政党（アルバニア民主党）が連立与党の一角を担って閣僚も輩出している。

それが〇一年になると目に見えぬ壁のようなものを感じざるを得なくなった。客や取引先として屈託なくつきあってきたアルバニア人たちが急によそよそしくなり、道で出会っても足早に駆け去るのだ。年輩者はそれでもまだ友好的だったが、かつてよく近所で遊んだ子どもたち、特に一四、五歳の少年が敵意に満ちた眼で睨んできた。知らぬ間に愛車に傷をつけられたり、落書きをされたこともあった。

自我が芽生える世代の変化だけに、民族間に横たわる何か大きな力に影響されているのではないかと思わずにいられなかった。

三月一四日になるとついに戦争が始まった。

近郊の都市テトボに見たこともないアルバニア兵が侵攻してきたのだ。約四〇〇人の兵士はコソボから越境してきたＫＬＡの集団だった。マケドニア政府軍との交戦が始まった。人口六万人のテトボを含むマケドニア西部は約七割がアルバニア系。この侵攻を支持する集会が起こり、さらには呼応する兵士まで出てきて大量に難民が発生した。民族対立感情は急速に加速し、仲の良かった民間人同士もいがみ合うようになった。

牛乳屋ザフィロスキは忘れもしない。

六月七日まで牛乳をテトボのアルバニア人が経営する卸売市場で仕入れていた。ところが八日には「あなたには売らない」と断られた。それから先は仕入れ先を探し、四〇キロ離れた首都のスコピエの同胞の店まで買出しに出かけた。

不幸はそれだけでは終わらなかった。テトボとスコピエの間にチェックポイントが作られてしまう。ＫＬＡが西部地方を解放区として線引きを始めたのだ。課税すると言われて通過が困難になり、仕入れができなくなった牛乳屋は廃業に追い込まれた。周囲も騒然としてきた。六月中旬には山の上の村落がテロリストに襲われてまたも難民が流出した。

六月二三日。ザフィロスキは今後の仕事を相談するためにスコピエの友人宅にいた。話し込みながら何か不吉な予感はしていた。携帯電話が鳴ったので慌てて出ると、年老いた母親の悲鳴が飛び出てきた。

「戦争が始まったよ！」

ついにネプレシュティヌ村への攻撃が開始された。妻と息子と娘もスコピエに連れてきていたので、故郷には母親しか残っていなかった。ありったけのピストルを修理工時代のツテで集めた。助けにいこうと国道を西に向かったが、チェックポイントでまたも止められた。祖国が二つに分かれそうな危機にあることをそこで改めて思い知った。

二週間が経った七月八日にようやく母親の無事が確認された。命からがらスコピエに逃れ、病院に収容された彼女によれば、攻撃が始まって四日後に家は燃やされてしまったという。村の空気が変わったと感じ始めてからたったの半年足らずだった。半年前はこんなにアルバニア人を憎むことになるなんて思いもしなかった。

今、難民となったザフィロスキはスコピエのポラゴーニャホテルで暮らしている。

優雅なホテル住まい？　とんでもない。難民用に開放された、たった八八部屋に一〇〇〇人の同胞たちと一緒に詰め込まれて、押し合いへし合い暮らしているのだ。

## ▼スコピエのセルビア人難民

コソボの民族主義がマケドニアへ飛び火していた。

NATOと共にセルビア治安部隊と戦ったKLAはNLA（民族解放軍）と名前を変え、国境を越えて、旧ユーゴスラビアで唯一内戦を経ずに独立をなし終えた国に襲いかかった。

コソボを核に勢力を伸ばし、北はセルビア南部から南はマケドニア西部までを支配下に治めようと動き出していた。この動きをメディアは「大アルバニア主義」と呼んだが、むしろ「大コソボ主義」と言うべきであろう。

ある意味でコソボのKLAは本国アルバニアを蔑視している。独裁者ホッジャが文化大革命を敢行し、その死後も一九九一年まで鎖国政策を布き、国ぐるみのネズミ講問題で経済が破綻した本国よりも、国際援助が潤沢に入り、EU加盟国の如くユーロ通貨が流通しているコソボの拡大こそが彼らの野望である。

NATOは紛争の仲介に乗り出し、二〇〇一年八月一三日にマケドニア政府とNLAの間で和平協定に調印させた。

協定はNATO軍によるNLAの武器回収を開始する一方で、アルバニア側に対する大幅な権利を容認させるもの。具体的にはマケドニア憲法の改正であった。

アルバニア語を準公用語とし、議会審議やアルバニア系住民が多数を占める自治体で使用するようにすること、警察組織を実際の人口比に近づけアルバニア系の雇用を拡大する、といった項目が盛り込まれた。

NLAは、改憲が認められなければ再度の武装蜂起を行うと宣言していた。

マケドニア大統領ボリス・トライコフスキはこれを「武力による恫喝《どうかつ》でありコソボからの侵略」と非難したが、同時に「のまなければ戦争への道しかない」との見解を発表。憲法改正については策定に入るか否か八月三一日から審議が続き、リュブコ・ゲオルギエフスキ首相（国家統一民主党党首）が最後まで難色を示したが、ついに一週間後に可決された。


私は改正案の策定が決まったその日、〇一年九月六日にスコピエに来た。

バルダル川の流れる首都は小さな町である。繁華街はショッピングストリートと英語で呼ばれる商店街周辺に固まっているが、二〇分もあれば見て回ることができる。随所にウインドウのガラスが粉々に崩れ落ちて改修中の店がある。爆弾テロでやられたものだと周囲の店員が教えてくれる。

「店を破壊された理由は二種類ある。一つはNLAの援助をしていた店主がそれを打ち切ったために怒ったNLAに報復されて爆破された店。もう一つはNLAに資金援助を続けたために、逆にマケドニア人の怒りを買って暴徒が乱入してメチャクチャにされたケースだ」

進んでも地獄、ひいても地獄。

それは対立する両民族の狭間で犠牲になる民間人の構図だった。強権政治を布く独裁者を支持したわけでもない。大義すらないままに家を焼かれたこの紛争の悲惨な被害者はどこにいるのか。訪ね歩き、そして難民センターとなったポラゴーニャホテルのロビーでザフィロスキに会ったのだ。

彼は暗い眼をして所在なげにソファに座っていた。

旧ユーゴの中でも、マケドニア人は温和で大人しい民族と言われている。コソボはともかくとして、なぜうちの国で紛争が起こらなくてはいけなかったのかが分からないのだと口癖のように呟く。

「とにかく今年になって国境を越えてきた連中が民族意識を高めたんだよ」

故郷を追われ悲嘆にくれる男を励まそうと、でもNATO軍による武器回収ミッションが展開しているじゃないかと言えば、

「NLAの連中が渡しているのは博物館にあるような古い武器ばかりだ」と首を振る。

NATOは銃や対空砲三三〇〇丁の回収を目標として掲げていたが、しかしそれで安堵している人間はいない。マケドニア政府は三三〇〇という数字自体がほんの一部に過ぎないと見て不満の声を上げている。

ザフィロスキはこうも言う。

「UNPREDEP（国連予防展開軍）がいた頃はもっと良かったのだ。だが今は駄目だ」

一九九五年にユーゴ、アルバニア国境を監視するために国連が派遣した、カナダや北欧の部隊で構成された紛争予防軍は評価したものの、NATOの存在は切って捨てた。

ザフィロスキと話し込んでいるとロビーにたむろする他の難民たちも近寄ってきた。

彼ら彼女らは被害に遭ったテトボ郊外の三つの村、ネプレシュティヌ、テアツエ、レショットからそれぞれ別経由でスコピエに辿り着き、このホテルに収容されている。

ボージャー・ミハイロフスカはザフィロスキと同じネプレシュティヌ村から六月二三日に息子夫婦と共に逃げてきた。昼間戦闘が起こり、病院、学校、修道院、そして生家が燃やされた。夕方に避難する途中に義理の兄がキッドナップされている。

彼女が失望の表情を浮かべて言う。

「私は銃を突きつけられて家を追われたのです。そんなNLAに武器を渡したのはNATOですよ。私を追い出した銃口はNATOのものです。公正な回収ができるはずがない」

ミハイロフスカと一緒に銃撃戦をかいくぐってきたというドッツア・ペトロスカも同調する。

「テロリストにとっては法改正も停戦も意味がないことでしょう。去年までは本当に何民族も関係なく仲良くやっていたのに、コソボからの人たちがやってきてから何もかもがおかしくなった。村では今でもたくさんの遺体が道端に放置されているのよ」

少数民族の権利拡大を、同胞とはいえ国外に住む勢力が武力をもって要求するのは、明らかに内政干渉である。

私は九九年一月、すなわち空爆前にスコピエと今回の紛争の拠点となったテトボを取材した。当時のアルバニア系住民たちに対するインタビューではそのほとんどが「マケドニアこそが民族融和の最後の共和国だ」と語っていた。それが今では両者の間で強固な線引きがされている。権利拡大と排外主義は別物である。引火すれば瞬く間に火の海となる。ナショナリズムの凄まじさを目の当たりにする思いだった。

「今、私たちがどんな生活を強いられているか見て欲しい。苦しいですが、あなたに話すことで楽になる部分もあるのです。自分たちには誰も関心を払ってくれないのだから」

ペトロスカは私を階上に導いた。三階の一番奥の角部屋。ホテルがまだ宿泊客用に機能していた頃であれば、眺めの良いツインルームとして人気があったであろう。しかし、今ペトロスカはそのスペースに三世帯八人で暮らしている。子どもの泣き声、散乱する小さな縫いぐるみ。ペトロスカの息子は三一歳で障害者だ。一日ベッドに横たわっている。

コソボとは背景が異なるが、ここで同じものが一つだけあった。すっかり心を開いてくれていると思い、カメラを回す私に向かって彼女が突然こんな言葉を投げかけたのだ。

「絶対に偏向はやめて下さいよ。私たちを写してこれがアルバニア人の惨状ですと伝えないで下さいね」

メディアに対する決定的な不信感が骨の髄まで染み込んでいた。

## ▼憲法改正とマケドニア

九月七日。国会前で憲法改正反対デモが展開されると聞いて現場に向かった。

ホテルの前で拾ったタクシーの運転手が言う。

「憲法改正や和平合意そのものは悪いことではないと思う。ただ心配するのは、本当に彼らの要求は権利のためなのかそれとも領土拡大のためなのかそれをハッキリとさせるべきだ。俺が思うに我が民族がこの紛争の影響を受けるいわれはない。俺たちは素朴なんだよ」

国外から見れば、憲法改正に頑なな姿勢を見せるマケドニア政府と市民は、ある意味でマイノリティーに対する人権意識が希薄なナショナリストに映ろう。しかし彼らこそがナショナリストを畏怖しているのだ。改憲に反対するにはかような背景がある。こういう空気は現場に来なければ分からない。地政学的にバルカンの火薬庫と称されるが、居住する人々はいたって温和な印象を確かに受ける。

スコピエを歩いて強く実感したことがある。

崩壊した旧ユーゴスラビアに対する最も大きなノスタルジーをもっているのは、新ユーゴ以上にこのマケドニアなのだ。

バルダル川の手前の広場では、チトーの彫像やユーゴ社会主義連邦共和国軍のバッジ、赤い星がまだ中央に燦然《さんぜん》とデザインされている国旗など、崩壊前の連邦ゆかりのグッズが土産物として盛んに売られている。これがクロアチアのザグレブやスロベニアのリュブリャーナであれば、店を広げて三分以内に屋台は壊され親父はボコにされるだろう。

もう一つ言い換えるならモンテネグロですら距離を取ろうとするセルビアに対し、最も同情的なのがこのマケドニアである。

ちょうどこの九月に入ってバスケットボールの世界選手権が始まり、連日テレビ中継されていた。破竹の勢いで大会を勝ち進むユーゴ代表に対し、マケドニア人たちはまるで祖国のような熱い応援を送るのだ。これがザグレブやリュブリャーナであればユーゴの対戦相手に対してまるで祖国に対してのような熱い応援を送るだろう。親セルビア的な感情の裏には血を流さずに分離独立をしたという歴史的経緯と同じアルバニア人問題を内包しているという背景がある。

国会広場はすでに憲法改正に反対する二〇〇〇人近い群集で埋まっていた。

旭日旗のようなマケドニア国旗が翻る議事堂前には、警官隊がデモの群れと対峙するように並んでいる。騒然とした雰囲気ではあるが、あまり殺気だった印象を受けないのはやはり民族性であろうか。しかしその代わりに何とも言えず諧謔味《かいぎゃくみ》溢れるプラカードや横断幕が立ち並んだ。マケドニア人特有のユーモアだ。

まずブボ・カロブという有名なコメディアンがロバを連れてきた。ロバの腹には白い胴巻きが括りつけられ、そこにはこんな惹句が記されている。

「ブリュッセルNATO本部様へ。人類史に残る貴重な骨董品を多数収集されているようで。

どうぞ我々に寄付をお願いします。スコピエ博物館館長より。そうそうこのロバは我々のジープです。これも差し上げます」

回収した武器は博物館行きのポンコツばかりというわけだ。NATOが呼称した今回の武器回収作戦名は「ハーベスト（収穫）作戦」。日本語をスコピエ大学で学んだという女子大生、アナがこれに呼応して掲げたプラカードは「We harvested the Watermelon」。冗談じゃない、採ったのは火気爆弾じゃなくてスイカなのよ、スイカよ。

クラクションを鳴らして進入してきたトラックがボンネットに記していたのは、さらに踏み込んだものだった。作戦遂行のために決められたキャッチコピー「必要不可欠な収穫」を揶揄《やゆ》して「必要不可欠な犠牲」。

特徴的なのは、対立するアルバニア系に対しての非難がほとんどなく、総じてNATOに対する不満が溢れていることだ。マケドニア人は一九九五年に設置されたUNPREDEPに助けられた経験があり、外国の軍隊が駐留することに対してアレルギーはないのだが、このデモは対政府という以上に対NATOという色彩が強い。KFORによる不公平統治に陥ったコソボを見据えている部分がある。

国会に向けて一斉に投石が始まった。

慌ててカメラをガードするが、コツンと腕に当たった。弾は石ではなく木の実だった。何とまあ優しいマケドニア人。

夜、市街地で見つけた中華料理屋に入る。

一口食べて仰天した。美味いのである。炒飯も春巻も湯麺も見事に洗練されている。間違いなくこれまでバルカン半島で食べた中華の中で一番だった。鍋を振るっていた料理人に話しかけて納得した。

ここは大陸出身の中国人華僑の店ではない。日本人好みの台湾人の店だったのだ。

マケドニアは九九年一月に台湾と国交を樹立していた。狙いはＮＩＥＳ（新興工業経済地域）の中で最も景気の良い国からの一億五〇〇〇万ドル相当の経済援助だった。

世界で孤立する台湾は、バチカンと並ぶヨーロッパでの外交相手を捜しており、相互の利害が一致したのである。台湾にとってマケドニアは国交を有する二八番目の国となり、胡外相は「我々の実務外交の勝利」と喜びに満ちたコメントを発した。

しかし二〇〇一年六月一八日をもって、この関係は台湾側から断交を言い渡されてしまう。発端は今回の紛争だった。内戦終結のためにはどうしても国連安保理理事国の協力がいる。マケドニア政府は急遽《きゅうきょ》中国との接近を図り、それが台湾側の逆鱗に触れたのだ。台北には経済代表所だけでもおいて引き続きの経済援助を求めたが、それはあまりにもムシのいい要求だった。こうして巨額の無償援助は水泡と消えた。

店の主人は台北から一旗揚げにスコピエに来たのだが、すっかりこの朴訥《ぼくとつ》な町が気に入り、国交が断絶してからも国には帰らず店を継続していると笑った。

「それにしても一億五〇〇〇万ドルが……」

二年と半年の国交が残した貴重な遺産として私は滋味溢れる麵を手繰《たぐ》った。

**▼ネプレシュティヌ村にて——戦闘との接近遭遇**

九月八日。朝からテトボ経由でネプレシュティヌ村に向かった。追い出された難民たちの故郷はどうなっているのか。

スコピエからテトボに向かうバスは途中で検問に引っかかった。これがザフィロスキが言っていたチェックポイントだった。

人も車も、往来のためには東のマケドニア側と西のアルバニア側、それぞれ二ヶ所の審査を受けなくてはならない。すでに棲み分けが始まっているのか。かつてＫＬＡがマレーシャボを中心に勢力を拡大していた頃のコソボを思い出す。当時のコソボも同様にセルビアとアルバニアのチェックポイントが存在していた。

テトボに入ったのは二年半ぶりだったが、その情景のあまりの変わり様に息を呑んだ。

焼け焦げてくすんだ街灯、そして銃弾の撃ち込まれたカフェや雑居ビル。見覚えのある建物の変わり果てた姿が戦闘の激しさを証言していた。通りに面したＭＥＭＡという名のピッツェリアは広いショーウインドウが徹底的に破壊されていた。バーカウンターにはニキビのような大量の銃痕がこびりつき、その上にダウンライトの破片が散乱している。九月の明るい陽光がそれらに乱反射して妖しい光彩を放っている。

胸騒ぎがして、二年前に訪ねたFKシェケンディアというフットボールクラブを再訪した。マケドニアリーグの二部に所属するこのクラブは、選手全員がアルバニア系であった。それでも「自分はこの国で生まれたのだからマケドニア代表でW杯に出るのが夢だ」と選手は至って快活に語っていた。ユーゴスラビアリーグをボイコットし、アルバニア人だけの代表チームを独自に作ったコソボとの違いに大いに驚いたものだ。それが……。

活気に溢れたトレーニングを取材したスタジアムは燃やされ朽ち果てていた。練習場に人がいる気配すらなかった。民族融和の象徴のようなチームがすでに存在していないことを物語っていた。

テトボからネプレシュティヌ村まではタクシーを飛ばした。

車で二〇分程走るとたんに風景が変わった。赤土の上に黒焦げになった農家が点在している。半壊した集合住宅や納屋からは異臭が漂ってきた。まるで廃墟の村。そしてここが現場であることが理解できた。中央部にあるイスラムのモスクに足を運んだ。入るとまるでピンスポットのような細い光の柱が天井から降っている。見上げれば砲弾で丸屋根の一部が射抜かれていた。豪奢なシャンデリアは粉々に砕け散っている。足元には吹っ飛んだ梁と砲弾の残骸。安全靴で蹴散らしているとふらりと村人たちが顔を出した。四、五人いるだろうか。シプタル帽を被った老人がいることから、皆アルバニア人であることが分かる。近所の家に住んでいると言う。

「七月九日と八月一〇日。それぞれ一夜に一五〇発の砲弾が降ってきた。ひどいもんだろう」

華奢な若者はマケドニア政府軍に敵意を剝き出しにする。

「昨日も砲撃は激しかった。今日は独立記念日だが、祝う気持ちにはならんね。もはや自分の国ではない」

迂闊だったが、一九九一年九月八日にマケドニアは国民投票で旧ユーゴから独立したのだ。その記念すべき一〇周年の日に私は自らの祖国の軍隊に憎悪を燃やす青年と出会っている。

——ここにいたマケドニア人たちはどうした？　もうここにはいないのか？

「一五人程いる」

全員が逃げ遅れた老人たちだった。なぜそれだけしかいないのか？　スコピエに逃げてきた人々に会ってきたが、NLAに追われたと言っていた。敢えて問い詰めるような口調で聞いた。この紛争の解決の糸口は、つい最近まで融和していた民族同士の互いを慮《おもんぱか》る想像力にあると私は考えたから。返ってきたのは衝撃的な回答だった。

「追い出したのではない。奴らは勝手に逃げていったのだ」

NLAではない民間人の答えである。

——ではレショクの修道院の破壊をどう思う？　彼らは悲しんでいたが。

「それが本当だとしたら残念だ。でも俺は絶対ＮＬＡの仕業ではないと思っている。絶対に民間人や宗教施設には手を出さないはずだ」

——ＮＬＡをあなたは信頼している？

「当然だ。我々の軍隊だ。我々は彼らによって守られていたのだ」

いやしかし、実際は被害に遭った民間人も宗教施設もたくさんあるのだ。あなたたちはその実態にも触れるべきだ。そう言葉が出掛かって喉に詰まった。破壊された村で暮らす彼らもまた被害者であるのだ。

——ＮＬＡから連絡は？

「たまにある」

求心力を得ている。アデリ・ズリョと名乗ったその初老の紳士は「今後はこの村で一緒に暮らすのは無理だろう」と声を潜めて言った。

モスクを出て村を歩く。屋根が吹っ飛んだアパート、中折れした煙突、レンガ建ての民家は火を放たれて黒く歪んだ柱を残して全焼していた。和平合意からひと月近く経った今でも戦闘は続いている。武装解除と武器回収の遅れがその一因である。ズリョと入ったカフェで身をもってそのことを思い知らされた。

トルココーヒーに口をつけた瞬間、凄まじい機銃音が鼓膜を揺さぶった。

近い！

地元フットボールクラブ・FKシェケンディアの
朽ち果てたスタジアム（撮影／木村元彦）

砲撃されたネプレシュティヌ村の民家（撮影／木村元彦）

断続的に響き渡る音に驚いて、オープンテラスにいた客たちも一斉に身を屈める。店外に飛び出て音の方を見やる。

カフェの裏手の丘から撃たれたものだった。

幸いにして被害者は出なかったが、私はズリョに向かった。

——どうなってるんだ？　和平合意を経てＮＬＡは武器回収に協力しているんじゃないのか。

「いいや、あれは兵士が撤退していく喜びを表したものだ。危険ではない」

笑えないジョークだった。外国人ジャーナリストには触れて欲しくないのだ。ズリョがＮＬＡを庇う気持ちは伝わってきた。再度の共存を考える時、このギャップは限りなく大きい。

**▼大コソボ主義とＫＬＡ**

翌九日。ホリディインのプレスセンターで働くアルバニア人にあたりをつけて、隅に呼んだ。小声で、ＮＬＡの拠点になっている村へ潜りたいので仲介をしてくれる人間を紹介してくれと頼む。しばし値踏みするような視線を浴びせられたが、すぐにギャラの話をしてきた。

やはりパイプがあった。指定された待ち合わせ場所に行くと、現れたのは小柄な二二歳の男だった。すばしこい眼をしたその男にカネを渡して、チャーターした車でテトボから山中へ分け入った。

アスファルトで舗装された道が土の山道に変わり、道幅が極端に狭くなる。さらに一五分程入ると突然道を塞ぐ塹壕《ざんごう》が視界に飛び込んできた。塹壕上には赤字で抜かれたUCK（KLAのアルバニア語）のマークが鎮座し、据えつけられた機銃がこちらを向いている。

車が急停車するとパラパラとUCK兵士が駆け寄ってきた。ここがアジトとなっているシプコビッツア村の入り口だった。

我らが二二歳のガイドは兵士たちと「入国」の交渉に入る。それを見て、私は車内から気づかれぬようにバッグに入れたカメラを回す。

兵士の胸章は全てUCK、実態はコソボから越境してきた兵士たちであることが確認された。中にはUCPMBと記された者もいる。これはNLA同様にKLAの流れを汲み、セルビア南部の三都市でゲリラ活動を行っているプレシェボ、メドベジャ、ブヤノバツ解放軍のロゴ。

私は一年前にプレシェボでこの軍隊を取材して逮捕された経験がある。妙な懐かしさがあったが、セルビア南部からマケドニア西部まで進駐してきていることを考え合わせると「大コソボ主義」の現実を目の当たりにする思いだった。この頃、コシュトニッツア大統領は定例会見でKLAを「支配したい地域の名前に解放軍とつけて拡張テロ活動している武装集団を、なぜ国際社会は見逃すのか」と激しく批判していた。

二二歳が話をつけた。

パスポートをチェックされて「入国」が許された。武装兵士を横目でやり過ごして塹壕を抜けると、地名を表す看板が大きな違和感を伴って見えた。元来、村名のシプコビッツアは、アルバニア語とマケドニア語の二つの言語で記されていた。そのマケドニア語部分がペンキで毒々しく塗りつぶされている。

ここが「浄化」されたNLA地帯なのだ。ネプレシュティヌとも異なり、マケドニア人は一人もいない。使用する者がいなくなった、それゆえに消したのだ。

検問を二ヶ所越えるとジャミアの尖塔が見えてきた。

車を降りて周囲を散策に入る。足早に過ぎる兵士たちとすれ違いながら丘に登ると、テトボ市内が眼下一望に見渡せる高台に出た。この山村はなるほど前線のゲリラ活動に適している。村の中には食堂や小学校もあり、アジトでありながら町の機能も果たしている。物々しい軍靴の響きと学校から漏れてくる無邪気な歓声。民族教育で価値観が統一されているからだろう。子どもたちは皆UCKと書かれた木製銃の玩具で撃ち合って遊んでいる。将来はUCK兵士になるのが夢だと言う。

通りでは轟音を立ててNATO軍の装甲車が走り抜ける。ここでの任務は武器回収作業の遂行であるはず。しかし、その横を自動小銃を持った数人のNLA兵士たちが何事でもないように闊歩している。まるでお手盛りな回収作業だった。ノルマの三三〇〇丁さえ集めればいいのだ。

前々日の九月七日、旧ユーゴスラビア最北の共和国スロベニアの西南、コペル港で、このマケドニア情勢と大きく関わる事件が起こっていた。税関が貨物船の積荷をチェックすると、機関銃と迫撃砲四八トンが入ったコンテナ四個が見つかったのである。押収されたこの荷物は積み込まれたマレーシアでは機械部品として届けられ、オーストリアへ陸路で運ばれる予定だった。調べたスロベニア警察は、ウィーンの犯罪組織が関与し、オーストリア経由でバルカン半島の紛争地に運ばれる可能性が高いとコメントを発表している。積荷は当初イギリス向けであったが、途中でなぜか変更になっていたという。

バルカン半島の表立った紛争地帯と言えば今はマケドニアしかない。武器回収が進むはずのこの時期におけるこの符合をどう見れば良いのだろうか。

脇の土手の上で子どもたちが四人、固まって走っているのが見えたので手を振る。私に気づいた彼らが返してきたのは強烈な「UCKコール」だった。

「ウーチェーカー、ウーチェーカー、ウーチェーカー!」

続いて連呼したのが「NATOコール」。

「ナートー、ナートー、ナートー」

およそ五歳くらいと思われる彼らが激烈な意志をもってKLAとNATOを支持し、またその関係性をしっかり今も友軍として認識している。

戦闘服を着てカフェでチャイを飲んでいたNLA兵士に聞く。武器回収はどの程度進んでいるのか。

「いや、うまく協力していると思うよ」

——NATOに対しては。

「メディアがアンチムードを煽っているに過ぎない」

——君たちの目的はいったい何なのか。

「マケドニア人と同じく平等になることだ」

交流を図るうちに武装組織の司令部に案内された。やはり赤文字でUCKと記された門を潜ると中庭を挟んで事務所があった。司令官に面会を求めると精悍な顔立ちの二〇代中頃と思われる兵士が出てきた。

「ジニ」と一言名乗った。

私は、この紛争が、マケドニア在住のアルバニア人の自発的なレジスタンス（抵抗運動）ではないかとの考えも完全には否定できずにいた。否、否定するための直接の証言をまだ取り得ていなかった。それゆえに幹部からの言質を事実として直接取りたかった。

——コソボから来ている兵士はいるのか。

ジニは宙に視線を泳がせながらボソリと言った。

「コソボから来た兵士はいる」

認めた。

「彼らとは血の繋がりもあるのだ。参戦を拒む理由などどこにもない。我々はアルバニア人だけの新しい家を作るのだ」

KLAが振りまくこの紛争は単純には終結しないだろうと直感した。武器回収を終えたとしても、イデオロギーとしてのこの「大コソボ主義」が存在する限りは、もぐら叩きのように現れてくるに違いない。

シプコビッツアを後にしてレショクの聖アタナシア正教修道院に寄った。

嫌な予感は当たっていた。

中世一三五〇年に主教ヨアニキエによって建てられた文化遺産は、見るも無残な姿を野辺に晒していた。内部からダイナマイトで爆破され、外観こそ原型を留めているものの、瓦礫が飛び散り柱がえぐれた様は膝から崩れ落ちたボクサーを連想させた。

地雷の危険があるので接近しなかったが、内部が徹底的に破壊されているのは窓越しからも見えた。そう言えばポラゴーニャホテルの難民が、結婚式の日に神父が拉致されたことを盛んに訴えていた。荒れ果てた修道院は、再びマケドニア人がこの地に戻ってくることがない限り修復されることはないだろう。

スコピエに帰る途中、バスでボスニア系の中年女性と一緒になった。彼女の言葉が印象的だった。

「私も旧ユーゴの内戦を散々経験してきたけど、今回のは戦争という形をとらずにそれぞれの民族が殺されている。私の家にもKLAが来たけど夫がアルバニア系だったから助かったの。KLAが何を求めているのかが分からない。求める、求める、と言っては人が死んでいるのだから。私のようなここでの本当の少数民族にとっては明らかに昔の方が良かったわ」

大コソボ主義を標榜するＫＬＡの影響が周辺国にまで及んでいる。ことこのマケドニアは、隣国のギリシア、ブルガリアと確執が続きバルカンで最も不安定な地域とも言える。

ＫＬＡを肥大させたＮＡＴＯ軍、とりわけ米国の罪は重いが、将来的な不安定要因は実はもう一つある。このＫＬＡを米国が見限った時だ。ＣＩＡがある思惑で育てた海外のゲリラ勢力が、様々な政治的変遷を経てブーメランのように米国に襲いかかる現象を、「ＣＩＡブローバック」と言う。このブローバックにＫＬＡが加わる日がいつか来るのではないか。そんな懸念を胸に翌々日の二〇〇一年九月一一日、帰国便に乗り込んだ。

そして成田到着後、その前例となるような大事件が勃発したことを知った。

ブローバックはまずアフガニスタンから襲いかかっていた。

# 第二章　混迷の中で（二〇〇二年）

手作業で行われる劣化ウラン弾の回収作業

## 一　劣化ウランとユーゴスラビアの核

### ▼英雄イリッチの不安

二〇〇二年六月。ミロシェビッチ前大統領を倒した英雄が、心配で堪らぬと嘆息している。

「我が町が放射能に侵されている。子どもたちに腎不全の者が多いんだ。その上にガンや腎臓機能障害で亡くなる人が急に増えるなんておかしいじゃないか」

二年前の一〇月五日、セルビア南部の都市チャチャック市から二〇〇台のダンプ、ブルドーザーを動員し、二五〇〇人を率いてベオグラードに攻め上がったベリミール・イリッチ市長はそう訴える。

民主化の象徴の町チャチャックでガン患者の発生率が急激に増えているという。

「こんな例があった。空爆時に妊娠末期を迎えた女性が出産したのだが、生まれた子どもは生後一週間でガンで亡くなった。彼女は爆撃された建物の近くに頻繁に足を運んでいたというのだよ」

それはつまり「劣化ウラン弾」のせいではないかと主張する。皮肉なことにミロシェビッチ政権打倒を目的の一つとして行ったＮＡＴＯ（北大西洋条約機構）の空爆が、ミロシェビッチを倒したイリッチに不安を与えている。

劣化ウランとは何なのか。一言で言えば原発などで天然ウランを濃縮する際に生じる放射性廃棄物である。

天然ウランには核分裂を起こすウラン235が〇・七パーセント（残りはウラン238と微量のウラン234）しか含まれていないのでそのままでは使えない。ほとんどの原発ではこれを働かせるためにガス拡散法や遠心分離法で濃縮し、約四パーセントまで高めて使われている。

京都大学原子炉実験所の小出氏によれば、一〇〇万キロワットの原発を一年間稼動させるためには濃縮ウラン三〇トンが必要で、それを取り出すためには天然ウラン一九〇トンを濃縮加工しなくてはならない。一年分を抽出すれば残りの一六〇トンのウラン238がゴミとして発生する。すなわちこれが放射性低レベル廃棄物・劣化ウランとなる。

言うなれば原発を稼動させたり、核兵器開発を行う国には常時大量の劣化ウランが貯蔵されている。増え続けるこのゴミはその後の活用法もなく、鉛の一・七倍という比重の大きさを活かして航空機のバランスを取る重りとして使われていたくらいであった（日本の航空会社は環境面での悪影響を危惧《きぐ》して一九九五年に廃止。八五年の日航機墜落事件では、落ちた御巣鷹山周辺の環境破壊が心配された）。

この劣化ウランを兵器に転用したのが劣化ウラン弾である。比重が大きい金属という特性から、砲弾として使用すると凄まじい威力を発揮する。初めて使われた九一年の湾岸戦争時にはイラク軍戦車の装甲板を豆腐のように射抜いて炎上させ、長引くと見られた地上戦を一〇〇時間で制している。

問題は、この劣化ウラン弾は放射線を放つ発ガン性物質であることだ。水を汚染し、農作物に入り込めば食物連鎖で口に入る。また、それ自体発火しやすいウラン238は、燃えると微粒子となり吸い込むと体内で被爆してしまう。

湾岸戦争で、その危険性を一切知らされずに使用した米兵たちの中で、実に九万人以上が帰国後に機能不全、ガン、白血病、頭痛など医学的な問題をもっていると報告されている。いわゆる「湾岸戦争症候群」である。

元米国司法長官ラムゼイ・クラークは、劣化ウラン弾は通常兵器ではなく放射能兵器であるとして即時禁止を求める国際アピールを出している。

しかし、米軍はユーゴスラビア空爆時に劣化ウラン弾を使ったことを認めている。イリッチの恐怖は当然であろう。

イリッチの訴えを聞いて、被爆国日本の記者は現場に向かった。

チャチャックはベオから南に車で約三時間。ここで標的にされたのはスロボダという家電工場とティール食品工場だ。どちらも軍事施設ではないが、徹底的に破壊され、三年経った現在も無残な姿を晒している。スロボダはユーゴ国内で唯一洗濯機を製造していた工場であった。ために以降人々はこの必需家電を、高価な外国製品でしか手に入れることができなくなってい

チャチャック市長イリッチ（撮影／木村元彦）

る。

チャチャック総合病院のドラギシャ・ミソビッチ院長に現状を聞く。

「外科医として日常の業務をしながら見た状況ではガン患者が増えているのは事実。今データを出しているところですが、前年に比べて約二割の増加です」

しかし、劣化ウラン弾による影響なのかと訊《たず》ねると、

「放射性物質の影響なのか。それとももしかするとこの一五年くらいの社会的ストレスと経済的な困難が影響しているのかもしれない。ガン患者は増えているが、どちらもデータ不足で科学者として言明できないのです」

直接的に兵器に携わった兵士とは異なり、住民のガンの発生率と劣化ウラン弾との因果関係の立証は確かに困難である。イラクにおいても

米国務省が関連はないと強く言い切っているのはそこにある。

ベオに戻って、空爆の最中からこの放射能兵器の危険性を指摘してきた機関に足を運ぶことにした。

### ▼ビンチャ原子力研究所――回収に一〇〇年近くかかるでしょう

ビンチャ原子力研究所はベオから南に一五キロ下ったところにある。ここを訪れるのは一九九九年の八月以来、二回目だ。

チトーの非同盟主義は原子力行政にまで及んでいた。旧ユーゴスラビア時代に二つの原子力発電所が作られたが、スロベニアのクルスコ原発は米国ウエスティングハウス社製、一方このセルビアのビンチャ原子力研究所にある原子炉は旧ソ連製。こんな国は他にない。ちなみに我が日本の原発は当然ながら全てが米国製である。冷戦時代に米ソは競って援助を施してユーゴを自らの陣営に引き込もうと考えていたわけだ。

空爆中から現在に至るまで、このビンチャ原子力研究所が劣化ウラン弾の回収作業を全て統括している。

研究所のラドイコ・パブロビッチ教授によれば、NATO軍が撃ち込んだ場所を特定するデータを渡してきたのが、終戦から一年以上が経過した二〇〇〇年の終わり頃。使用場所のリストには一一二ヶ所が記されていた。

「情報公開が遅かったこともさることながら、そのうちの約六割が私たちの調査と異なっていました。リストに載っていた場所で確認できないところがある一方で、記載されていない場所でかなり見つかっています」

ＮＡＴＯの発表によればユーゴに撃ち込んだ劣化ウラン弾の数は三万一〇〇〇発で一〇トン、ユーゴ軍によれば五万発で一五トンとここでも大きく食い違っている。

ＵＮＥＰ（国連環境計画）と共同で行う劣化ウラン弾回収作業は、あたりをつけた場所を歩きながら放射能探知機で反応を確かめ、見つけたら手で掘り出すという驚く程原始的な方法だ。

「全てを回収するには」とパブロビッチは無機質な口調で続けた。

「まだ一〇〇年近くかかるでしょう」

ＮＡＴＯの調査報告によれば、撃ち込まれたのはセルビア南部のブヤノバツやモンテネグロで、チャチャックの記載はなかった。やはり最も多いのはコソボ。特にジャコビッツアの辺りは戦車部隊が駐留していたのでかなり大量に使われている。

ここで一つ大きな矛盾が生じている。

当然ながら、コソボはセルビアの行政機関であるビンチャ原子力研究所の影響下にはなく、回収作業はコソボに及んでいない。ならばＫＦＯＲ（コソボ治安維持部隊）やＵＮＭＩＫ（国連コソボ暫定統治機構）がその任務を担っているかと言えば、全くケアーをしていないのだ。

かつてコソボのアルバニア系の友人たちに訊ねたところ、コソボ内では劣化ウラン弾が使用されたという報道も、あるいは現物を見せてその危険性を説くといった安全管理についての指導も一切なされていなかった。

おそらくはKFORの兵士も知らされていないだろう。

アルバニア系住民の人権保護を謳《うた》った空爆であったにもかかわらず、その彼らが暮らすコソボに大量に撃ち込まれた劣化ウラン弾については、全く情報を公開せずに放置されているのが現状だ。調査も回収もしていなければ、半減期四五億年の放射能で住民が被爆する可能性を否定できない。

回収してきた劣化ウラン弾を貯蔵している場所を見せてくれるように頼むと、あっけない程簡単にOKが出た。

研究所敷地内を車で移動。

「放射性廃棄物仮貯蔵庫。近づくな」と記された門を前に、パブロビッチは「当初は仮の保管場所という話だったのに、もう四〇年以上も使用している」と説明する。

老朽化している貯蔵庫の実態だけでも驚かされたが、次の瞬間パブロビッチは、ポケットから鍵を取り出して無造作に門をキイと開けたのだ。廃棄物が置かれ、厳重な管理が施されているべきその門が、未だに南京錠一つで施錠されていることにショックを受けた。

ゆっくりと貯蔵庫に向かう。パブロビッチが手に持つ放射能探知機がピー、ピー、ピーと耳障りな警報音を上げ続ける。貯蔵庫の前で「ここで自然界の七〇〇倍の数値」と言う。

ビンチャ原子力研究所内、劣化ウラン弾を収める容器。
杜撰な保存方法が問題視されている（撮影／木村元彦）

扉が開くと、中には小学校の運動場程のスペースに、低レベル廃棄物のドラム缶が乱雑に積み上げられていた。ピー音はますます高まり、数値は跳ね上がって自然界の二〇〇〇倍を検出した。

急に頭痛が襲ってきた。

というのは嘘で、むしろ怖いのはそれでも身体に変調を感じないことである。被爆していても自覚がない。パブロビッチは貯蔵庫に足を踏み入れ、中程に並べられているジュラルミンのボックスを指差した。

「この中だ」

蓋を開けるとさらにプラスチック容器があり、その中にビニールに包まれた円錐形のものが大量に詰め込まれていた（後から聞けば蓋を開けてはいけなかった。気密管理は重要で、劣化ウランはラドンという気体の放射性ガスに変わる。

少し吸ったかもしれない)。使用済み劣化ウラン弾は、南京錠一つのこの場所で原子炉から出た放射性廃棄物と一緒に保管されているのだ。ムービーとスチールで撮影を終えると決して長居をしたくないこの場所から飛び出した。

ふとパブロビッチの身を案じた。彼はいったい何人のジャーナリストをこの場所に案内したのだろう。

ユーゴ国内唯一の原子力研究所であり、放射能の専門家を擁するビンチャ。

ここに全ての劣化ウラン弾が集められているわけだが、同時にこの研究所自体が大きな問題を抱えていた。ボスニア紛争以降の長期にわたる国際社会による制裁で孤立してきたユーゴは、放射性物質やその廃棄物を、自分たちで処理する技術や経済的余裕がすでになくなっていた。

米国のモントレー研究所は、大量破壊兵器の拡散防止を研究しているアカデミーだが、九・一一以降にそのモントレーが「ユーゴのビンチャ原子力研究所は核兵器転用可能な高濃縮ウランを杜撰な管理の下で貯蔵している」と名指しで指摘して、テロリストの格好の目標になるとして警告を発していた。

現地で見た実態はかなり深刻で、四二年間稼動した後に運転を停止した旧ソ連製の「原子炉A」は、解体する予算もなく放置されていた。その真下のプールには高レベル放射性廃棄物が水中保管されているが、すでに微量の放射能が漏れ始めているという。

原子炉に携わる技術者であるクルノスラブ・スボティッチは次のように語った。

「そもそもこの原子炉は旧ソ連が建設したものだが、モスクワが放射性廃棄物を引き取ろうとしなかったので、我々がどうにかするしかなかった。でもどうしようもなかった。管理するためにはコストがかかり過ぎるし、技術もなかった。廃棄物貯蔵庫には劣化ウラン弾以外にも八〇〇〇ものエレメントが保管されているが、あの貯蔵庫は当初からそれに持ちこたえられるだけの強度で作られていない。貯蔵庫からすでに放射能が漏れ始めている。とにかく大気や水を汚染しやしないか、それが心配だ。今は微量でも将来は深刻な問題になるだろう。しかし、ユーゴには技術的にも経済的にもそれを解決する手段がないのだ」

制裁下ではＩＡＥＡ（国際原子力機関）の支援を受けることができず、問題が起こることが分かっていても放置するほか手はなかった。

「一刻も早く廃棄物を他に移したい」と呻《うめ》くようにスボティッチは言う。

何ということだろう。国際的な強者と弱者を貫く論理が、まさにこのビンチャに集約されているではないか。

一方で予算を計上して捨てていた放射能のゴミを武器転用し利益を上げ、その上で他国に撃ち込むことで「合理的」に捨ててしまう国。一方で科せられた制裁下で原子力行政が行き詰まり、蓄積されていく廃棄物に加えて、大国の放つ劣化ウラン弾でますます汚染されていく国。ババ抜きのババのような放射性廃棄物は常に弱い国に押しつけられる。

ビンチャの仮貯蔵庫で見たのはその縮図だった。

再び戻ったパブロビッチの研究室で、モンテネグロから回収されてきたという一本の錆びた劣化ウラン弾を見せられた。

「これは掘り出された段階で錆びて重量が減っていました。いったい何を意味するか分かりますか？」

放射能探知機を近づける。この辺りの正常値が八〇ナノシーベルトであるのに対し、数値は七マイクロシーベルトを示した。一〇〇倍近い。そして一緒に運んできたという周辺の土からも一〇倍の数値が検出された。四五億年経ってようやく半分に減るウラン化合物は、すでに地下水に溶け込んで地中に入り込んでいる。

ビンチャを訪れてから約二ヶ月後の八月二二日深夜。ＩＡＥＡの監視の下、米ロ共同作業でこのビンチャ原子力研究所から核燃料六四本が運び出された。これには原爆二個分を製造できる未使用の高濃縮ウランが含まれており、搬出作業はテロリストを警戒して電光石火の早業だった。

国際社会は核兵器の原料は持っていってくれた。しかし、大地の汚染はもう元には戻らない。

## 二　一〇月革命の裏側

## ▼二〇〇〇年一〇月五日に何が起こったか

「選挙は誰が投票するかではない。誰が開票するかだったのよ」

反ミロシェビッチ運動オトポル（抵抗の意）の女性闘士だったクリスティーナが、デザートのアイスクリームを頬張りながら振り返る。

その横で「新しいセルビア党」の党首にしてチャチャック市の市長、イリッチが笑っている。今ではベオグラード土産のTシャツにもなっている二〇〇〇年一〇月五日の民衆革命。コシュトニッツァ（セルビア民主党党首のちに大統領）やジンジッチ（民主党党首）が政治や外交レベルでの指導者であるなら、直接的な実力行使の指揮を執ったのは紛れもなくこの男だ。イリッチ率いる二〇万人の群集が、チャチャックから命を懸けてベオに攻め上がらなければ、この革命の成功はなかった。

ここ数日、新セルビアのオフィスのあるベオで、そして地元チャチャックで、そのイリッチに密着して話を聞いている。日本にもリアルタイムで報道されたこの事件の深層に、何かがまだ残っているような気がずっとしているのだ。

直接の発端はクリスティーナが語った九月二四日の大統領選挙だった。現職のセルビア社会党ミロシェビッチとDOS（民主野党連合）のコシュトニッツァの一騎打ちとなった闘い。二一世紀のユーゴスラビアの未来を占う重要な闘いはしかし、蓋を開けてみれば限りなくクロに近い灰色の判定で幕が下りた。

　ＤＯＳの独自の集計では、開票率九八パーセントの段階で、コシュトニッツアがすでに五五パーセントを得票していた。歓喜した野党陣営は高らかに勝利宣言を出したが、最終的に連邦選挙管理委員会が下した判定は、なぜかコシュトニッツアが四八・二二パーセント、ミロシェビッチが四〇・二三パーセントだった。選管は得票率が過半数に達しなかったとして一〇月八日に再び決選投票を行うと発表した。

　不満が爆発しないわけがない。

　ＤＯＳのジンジッチ選対本部長は「ミロシェビッチ政権はコシュトニッツアが獲得した四〇万票を奪い、半数を自らのものとした」と厳しく批判して決戦投票のボイコットを訴えた。ＤＯＳを支持した市民たちも生活者レベルでの抗議行動を起こす。コルバラ炭鉱の労働者はストライキに入り、ベオの商店主たちは一斉に店のシャッターを下して貼り紙をぶら下げる。

「泥棒に入られたのでしばらく店を休みます。盗まれたもの？　票です」

　一〇月一日にはイリッチが、「ブレリーナにある再生紙工場にコシュトニッツアと記した投票用紙が大量に運び込まれた」と発言。グラグエバッツでも同様に野党票が市役所裏に堆《うずたか》く廃棄されているのが見つかった。空爆直後は国難にあたって民族主義が高揚し、大きく支持を集めたミロシェビッチは「今」こそ勝機と見て憲法を改正してまでこの選挙にかけた。しかし、これらの不正にもはや市民の不満感情は臨界点を超えていた。

一〇月二日には知恵者ジンジッチの計画通りにゼネストが開始され、ユーゴ全土の機能が麻痺した。反ミロシェビッチの動きは拡大したが、それでもこのままボイコットを続けて決戦投票の一〇月八日を迎えれば自動的に不戦敗となってしまう。

革命の機運は高まりを見せていた。

チャチャック市のトラック運転手ラドイコ・マスラッチは、九月位からその動きがあることを知らされていたという。

「絶対にシークレットだった。一〇月四日は仕事でベオにいたんだが、任務に参加するために仕事が終わると猛スピードでチャチャックに戻った。運転手仲間にはいつもベオでのんびりしてるのにどうしたんだと聞かれたが、『いやどうせすぐ帰ってくるから』と意味深に答えたもんだ（笑）」

イタリアに出稼ぎに出ていたミリッチ・イバノビッチはこの日のために帰国していた。

「情報は口コミで伝わってきた。怪しまれないように空港からチャチャックへは夜になってから向かった」

秘密裏に着々と準備は進んでいた。全てはイリッチの元で。

彼は地元の軍人や警察官、果てはボクサーや空手家などの格闘家にまでアンダーグラウンドで参加を要請し内諾を得ていた。くどき文句は「命の保証はない。しかし、一回でいい。男になろう」だった。セルビア人もモンテネグロ人もこのセリフには弱い。

決起の日は一〇・五と定められ、近郊のウジッエやミラノ・ゴバルチカなどからも人々は続々と志願してきた。

イリッチの考えでは、ベオに到着するまでの道程で自分たちの力の強大さと意志の堅さを見せつける必要があった。周辺や沿道の民衆を鼓舞し、味方につけることでより巨大な群集となり、立ち塞がる警官を蹴散らして首都に入城する。そのためには双六で言う振り出しの段階からパワーを誇示しなくてはいけない。

「大きな物を集めろ」と市長は指示を出した。

四日深夜から五日の早朝にかけて、投石用の石を満載した二〇〇台のトラック、バス五〇台、対戦車用ブルドーザー、クレーン、ショベルカーが集結し、市役所前の広場は約二五〇〇人の参加者で埋まった。イリッチは時計を見た。七時一五分。

「アイモ！（行こう）」

一声叫ぶと群集が一斉に北に向かった。

元来、チャチャック市は中央政府に対する仇怨で凝り固まった都市であった。

それは、この町がかつて王党派のセルビア人将校集団「チェトニック」と深い関係にあったからである。

第二次大戦中、チェトニックは、セルビア人狩りを行ったクロアチアのファシスト集団「ウスタシャ」に対する報復として、クロアチア人やムスリム人を攻撃するだけでなく、チトーの共産主義パルチザンとも激しく対立。抗争を繰り返した。反面、抵抗勢力として戦うべきナチス・ドイツとは距離を置き、下部組織は後年には協定まで結んでいる。

チャチャックはこのチェトニックの活動が極めて活発な町であった。

戦後、解放を勝ち取ったチトー共産党政権は、このチェトニックを率いたドラジャ・ミハイロビッチ大佐に対し、ドイツに協力したファシストとして死刑を宣告した。チャチャック市もチェトニックの町として、戦後は中央政府に冷や飯を食わされてきたと地元の人々は口々に言う。

「チトーの時代になると、共産主義者ではないという理由だけでこの町の七〇〇〇人の市民が殺されたのだ」(市役所職員)

「うちの病院には薬も医療器具も全然足りません。中央から回ってこないのです。暖房すらない。レントゲンは二二年以上前に送られたものを未だに使っています。経済面で国は苦労していましたが、その中でもチャチャックはいつも後回しにされていました。医療においてすら差別されてきた町なのです」(ミソビッチ・チャチャック病院長)

拾った現地の声のほとんどが怨念の籠ったものだった。

戦後に粛清された人の数や医療に対する行政援助の実態は、詳細なデータがないので言い切れない部分があるが、チャチャックの人々がその出自背景から、震えるような被差別感情に支配されていることは理解できる。会津の人々が明治政府に対してもつ感情と相似しているかもしれない。

イリッチはこの地で生まれ育った。父親は正真正銘のチェトニックだった。

「そう。今こそチェトニックの再評価をするべきなのだ」とイリッチは押し殺した声で、それでもはっきりと言う。共産党時代ならこの発言だけで投獄されただろう。

彼は私のそんな懸念も意に介さずに、愉快そうにこんな話をした。

「チトーは恐れてその生涯で一度もチャチャックを訪れることはなかった。ミロシェビッチは一度だけ来た。彼の妻ミリヤナ・マルコビッチが、自分の政党JUR（ユーゴ左翼連合）の集会を開いたんだ。前座で歌手に歌わせて盛り上げ、政府に批判的な我々との距離を縮めようとしたんだが、若い連中がいきなりステージの電源を切ってしまったんだよ」

イナト（意地）の塊のような地域性だ。イリッチの解説は続く。

「セルビア統一党のアルカンが来た時にはこんなことがあった。アルカンが演説で少子化問題に対して『セルビアはもっと子どもを作らなければならない』と発言したんだ。とたんに居合わせた民衆は『ツエッツア（アルカンの妻で歌手）をよこせ！　ツエッツアとやらせろ！』の大合唱だ」

民兵部隊「ティグロビ（虎）」を従えてボスニアで猛威を振るったアルカンこと、ジェリコ・ラズニャトビッチ。マフィアも黙る猛者に対してのこの仕業。ことほどさように反体制の気風の強さを誇る都市が歴史の変換の発火点になることは、やはり自然な流れだっただろう。

イリッチは回顧する。

「私自身は政治的な人間ではなかった。二〇年近くプライベート企業を経営していた中小企業の専門家だ。グラグエバッツ大学で経済も教えていたよ。ビジネスマンだった私に親父が選挙に出ろと命じたのが一九九六年だった。共産主義時代に親父が失職させられたリベンジをしたい気持ちもあった」

気骨もある。当初、彼は最大野党であるSPO（セルビア再生運動）の設立メンバーだった。その名からも察することができるが、右派である。ところが党首のヴーク・ドラシェコビッチが入閣して連立与党に取り込まれると、これを批判して離党。自ら「新しいセルビア党」を立ち上げてDOSに参加した。

「ミロシェビッチ政権に対しては、あくまでも野党として闘わなければ私の存在理由はないのだから」

当然ながら危険な目にも遭った。彼は政治家になってから二回狙撃されている。自宅と所用で出かけたベオの郵便局で。致命傷ではなかったが、右肩の骨を削られて左のそれよりも五センチ短くなっている。

チャチャックを出てから約三時間が経過した午前一〇時一五分。雪ダルマ式に増えたイリッチの部隊は、ベオの手前でその数二〇万人に膨れ上がっていた。

途中の村々では歓待を受け続け、ラキヤや食事の差し入れが次々に届けられた。デモの最後尾について自家用車で参加する市民がどんどん増えていった。

「この間、私は携帯電話で中央の軍と警察の協力者と密かに連絡を取り合っていた。すでにパイプは作ってあり、向こうの情報は筒抜けだった。主力の機動隊はどこにいるのか、途中で誰と出会うのか、どこが手薄なのか、全て分かった。DOSの内部でも私の事前の行動は一切知らせていなかったから驚かれた。プラハの春しかり、天安門事件しかり、リトアニアしかり……。事を起こすにあたって、最も恐れるべきは当然ながら軍が投入されて血が流れることだろう？　だからとにかく慎重に食い込んでいった。しかし、実際に接触してみるとたやすくシンパを得ることができた。SDB（特殊警察）や空軍第六三パラシュート部隊とは内密に話がつけてあり、いざとなれば我々の側につくことになっていた。SDBは我々を止める力をまだもっていたが、明らかにそれをしたくなかった」

　イリッチの根回しは完璧だった。ベオへ北上していく途中にバリケードを張っていた警官たちは、デモの中に大量の同業者がいるのを見て驚愕していた。公安から奪った無線で電波を飛ばす攪乱作戦も展開していた。

「警察の組織としての脆弱さはNATOの空爆時に感じていた。当時の私の反政府的な発言に対して逮捕するという脅迫が来て、四三日間森に隠れた。自分でもすぐに発見されるだろうと腹を括っていたが、結局最後まで捜索は来ず、下部組織は不満が鬱積して意欲がないことが我が身で理解できた」

特筆すべきは、セルビアでは一つの政治的圧力団体になるサッカークラブのサポーターたちにも話がつけてあったことだ。レッドスターのサポーター集団「デリエ」もパルチザンの「グロバリ」もこの民衆革命に参加した。レッドスターが内務省すなわち特殊警察、パルチザンは人民軍をそれぞれ母体にしている所からもイリッチの隠密活動の周到さが分かる。

群集がベオの中心部に到着したのが午前一一時。申し合わせ通りに人口の一〇分の一に当たる一〇〇万人がぴったりとここに参集した。

三々五々の動員ではなくこの時間に一気に集結させたことを裏付ける一つの証言がある。チャチャックの隣町ミラノ・ゴバルチカから駆けつけ、最終局面で先陣を切って連邦議会に飛び込んだデヤン・ダムヤノビッチという人物がいる。彼が言うのだ。

「俺たちは深夜に組合のバスで地元を発ち、五日の朝にベオに着いた。ところが町はとても静かで何の気配もなかった。ホテルモスクワの脇の道を上がっていったら市民は『何だ？　何が来たんだ？』という顔をしてこちらを見る。あまりの静寂に本当に決起のXデーは今日なのかと不安になった」と振り返る。

一一時半には連邦議会前は人、人、人で埋まった。群集は議会への突入を試みるもガードする警官隊の催涙弾で中までは入れず、ここから膠着した睨み合いが続いた。

ここでイリッチは自ら率いた民衆に大声で喝を入れる。

「チャチャックには勝たないと帰れない！」

この段階では、集まった民衆も取材する報道陣も、警官隊による発砲がいつ始まるのか、軍の介入はあるのか、心底危惧していたはずである。イリッチはしかしすでに警察は絶対に発砲をしないという確約を取りつけていた。

「内通していた警察幹部と、タイムリミットは一五時半という示し合わせができていた。『一五時半まで粘ってくれれば囲いを解いて中に入れるから突入してくれ。それまで絶対に撃たない』と言質を取っていた」

市民蜂起が成功したのは、無邪気な幼児が警官隊の非常線をするりと抜けて官憲の気持ちを和らげたから、という美談報道があったが、あくまでも子どもはキュー（合図）に過ぎない。ことはシナリオ通りに運んだ。

中継放送時間内に決着がついたかつてのプロレスのように、一五時半に連邦議会と国営放送への突入が開始され、民衆革命は成就した。『ベオに男はいなかった』（すなわち男はチャチャックから来た）というタイトルの本が出版されるのにさして時間はかからなかった。

**▼示唆されたＣＩＡの関与**

さて、数日にわたって聞き出したここまでは、イリッチも地元のメディアに向けて語っていたことだ。さらにその奥、深層を聞きたくての密着マークだった。

食後のコーヒーを飲みながらイリッチの人柄を探る。企業経営者らしく、

「モンテネグロは独立しても生き残れないだろう。あの共和国の企業の数はトータルしてもチャチャック市と一緒なのだ。全ての決定権は今やセルビアにもモンテネグロにもない。もつのはEU（ヨーロッパ連合）だ」

と分析する。一方で、民族主義者としての色彩は確かに濃い。こんなことも言うのだ。

「我々は米国人のような病人にはなりたくない。彼らはすでに民族的アイデンティティーを失っているが、我々の血液にはセルビアの魂がしっかりと流れている」

「一〇歳のうちの息子がテレビでスポーツの国際試合を見ると、必ずどちらが米国なのか聞いてくる。相手チームを彼は応援したいのだ。工場や家屋の破壊。精神薄弱や自殺者の多発。空爆で自分の町を滅茶苦茶にされたことは、あの年の少年にも強烈に残っているのだ」

それでいてヴォイスラフ・シェシェリのような徹底した反米民族主義者ではない。空爆後に三度も訪米を果たしたことを漏らした。

「ブッシュから招かれて行った。会食をした」

そこで語ったのはコソボ情勢と言うが、当然それだけではないだろう。一〇月五日を境にEUも米国も我が日本も、西側社会はユーゴスラビアに対する長きにわたる経済制裁を一斉に解除したのだ。米国から見ればイリッチはこの国に一八〇度の転換をもたらした記念日の演出家だ。パートナーと目していなければ現職大統領がランチを共にするわけがない、あなたは親米的ポリシーを持ち合わせていると問い詰めれば。

「まあ、確かにもはやコソボは紙の上での話だし……」

輪郭が見えてきた。

国内的にはコソボの権益を主張するセルビア民族のヒーロー、しかし対外的には米国との関係改善がない限り将来はないと自覚するネゴシエーター。その使い分けはやはり経済人としてのものだろう。

一〇月五日は出来レースで、命を懸けた民衆革命なのではない、と評するジャーナリストもいる。軍と警察がミロシェビッチを見限った段階で結果は分かっていたという言説だ。しかし、台本ができていても実際に動くのはチェスの駒ではなく生身の人間である。

──訓練は必要だったでしょう、と聞いた。

「うん」とイリッチは答えた。

「ボスニアとハンガリーでトレーニングを積んでいた。警官隊をどう突破するか。石を載せたトラックの突っ込ませ方や相手の分散のさせ方を繰り返し行った」

──その訓練に指導者はいましたね。

「うん」

鉱脈はここだった。

──その中に外国人はいましたか。

最後に英雄は苦笑しながら口を開いた。

「四人いた。どこの国の人物かは知らないし、申し上げられない。ただ非常にセルビア語の堪能な外国人。そして訓練慣れしたインストラクターだった」

民衆革命におけるＣＩＡ（米国中央情報局）の関与を初めて発言した。

民族派と呼ばれる人物にしても、米国抜きでの変革活動は無理だと冷徹に判断しているという現状があった。イリッチにはチャチャックの男＝武骨なイメージがついて回っていたが、緻密な計算をし尽くしていたことに改めて舌を巻いた。

## ▼セルビア王女の帰還

プリンセスが目の前にいる。

御身に纏っているのはフリフリのドレスではなくイエローの半袖ブラウス、そして髪型は冠の載った縦カールではなくざっくりとしたショートカット。質素だが清潔な佇まい。室内をぐるると見回す。腰掛けた革張りのソファも北欧製のテーブルも設えられた調度品は皆品があり、ゴージャスではないが王室の人間が暮らす生活空間としては、それなりのグレードを保っている。王女の肩越しからはベランダが覗き、執事がプールに水を張っているのが見えた。

今は二〇〇二年の六月。

まだ泳ぐには肌寒いが、重要なのはプール付きの私邸という威厳なのだ。ビルの屋上なのでそれなりに景色もいい。

セルビア王女イエリサベータ・カラジョルジェビッチが亡命先のロンドンから帰ってきていると聞きつけ、ツテを辿ってアポイントを取りつけた。それにしても常宿にしているベオグラードの安宿カシーナの近くに王族のこんな居場所があったとは。

一四世紀末のコソボの戦いに敗れて以降、セルビアは三〇〇年以上にわたりオスマントルコによる支配を受けてきた。一八〇四年、その屈辱の歴史に終止符を打つために豚商人であったペタル・カラジョルジェビッチが立ち上がり蜂起の指揮を執った。地道な抵抗運動はその後も続き、六七年にはついにトルコ軍を追い払う。イエリサベータはセルビアを解放したこの伝説の英雄の曾々孫にあたる。

その血筋だろうか、威厳を感じさせる口調で日本の平民に向かって言う。

「今、ユーゴスラビアの状況は非常に悪いですね。けれど私も同じセルビア語を話す者として、この国で一緒に暮らす方法を考えています」

イエリサベータが生まれる二年前に、国王アレクサンダル一世がマルセイユで暗殺され、それからは父のパブレ公が摂政の任に就いていた。

一九三六年にベオの白い宮殿で生まれた王女は、四歳の時の記憶を今でも鮮明に覚えている。突如軍隊が王宮を包囲し、一族に国外への退去を命じたのだ。四時間以内に出ていけというその言葉がとても怖かった。

数日前、父はヒトラーから強引に迫られた日・独・伊三国同盟への加盟に調印していたのだ。

ナチスドイツの支配下に置かれるこの調印に反対した軍部はクーデターを起こし、民衆もこれを支持。国王一家は祖国を追われた。

列車でギリシアを経由しケニアへと流れ、やがて父親パブレはかつて留学していたロンドンを亡命先に選んだ。四一年四月のことだった。ロンドンの亡命政府はユーゴ国内の王国軍派であるチェトニック部隊と密な関係を保っていた。しかしチェトニックはチトーの率いるパルチザンに駆逐されていく。戦後王制は完全に廃止され、王族一家はユーゴ国籍と全財産を剝奪されて祖国への帰国を永久に禁じられるのである。

以後、ロンドンで平民として暮らすイエリサベータは、かつての自分の王国については一切、口を開かなくなった。実際セルビア語よりも英語の方が堪能になっていた。四五年に生まれた弟のアレクサンダルは、世が世ならば自分が皇太子であることを知ってはいたが、それよりも生業である車のディーラーとしての成功を現実的に夢見てセールスに精を出していた。

ところが、八〇年代後半から祖国ユーゴで社会主義政権が徐々に崩壊し始めると、声を潜めていた王政主義者たちの復権が始まった。

九九年NATO空爆時に、共和国広場前に愛国者の象徴として出現したオブジェは、パルチザンの「赤い星」ではなくてチェトニック兵が被っていた「シャイカチャ帽」だった。チャチャック市長イリッチが率いる「新しいセルビア党」をはじめとする民族派の政党は、次々にチェトニックの再評価を表明し出した。

二〇〇〇年一〇月五日、ついにミロシェビッチ政権が倒れると、王族カラジョルジェビッチ家は国のシンボルとして復興され、イエリサベータはユーゴの国籍を再び渡され、六〇年ぶりの帰還に至ったのだ。現在反核運動や環境問題に取り組んでいるイエリサベータは言う。

「あの一〇月五日、私はニューヨークからブダペストへ行く飛行機の中にいたのです。ミロシェビッチが倒れたという一報を機内アナウンスで知り、あまりの嬉しさにシートから飛び上がってしまいました。民衆がこれほど大きな力をもって体制を変革できたことが嬉しかったのです。あの時、まさにセルビア人たちは目覚めたのです」

何という歴史のアイロニーだろう。かつて専制君主制の下に人民の上に君臨したことで国を追放された小さな王女が今、再びそのピープルズパワーで国に戻る。そして民衆の力を絶賛する。

東欧における社会主義革命とは何だったのか。

クロアチアの作家スラヴェンカ・ドラクリッチは「バルカン諸国では共産主義は謂《い》わば封建制の継続だった」と切って捨てる。独裁王政を打倒した指導者たちは党の名の下に身内を重要な地位に据え、自分自身の軍や警察をもっていたとドラクリッチは言う。

もっともユーゴの場合はホッジャのアルバニア、ニコラ・チャウシェスクのルーマニアのような極端な独裁者がいたわけではない。チトー時代は明らかに戦前よりも生活水準も教育水準も上がっている。それでも王制を回顧する人々が増えているのはいったいどうしたことか。か

セルビア王女イエリサベータ（撮影／木村元彦）

って封じ込められていたものに対する未知なる期待だろうか。

セルビア王女イエリサベータに、この一〇年に祖国で起こった他民族との悲劇について聞いた。ともすればナショナリストたちのシンボルに祀り上げられる立場の人物は、凛とした声で協調を訴えた。

「その問題について言えばクロアチア、スロベニア、マケドニア、ボスニア、モンテネグロそれらの人々とまず理解し合うことが大切です。一方的に、拙速に物事を進めてはいけない。かつての旧ユーゴのように連邦制でまとまるのか、それとも一九九〇年代のように互いの国をもっていくのかは分かりません。私が言えるのは融和し、協調していくことの大切さなのです」

カラジョルジェビッチ家の復興イコール独裁君主の復活ということではない。君主制をめざすと言うイリッチ党首に、なぜ近代民主主義国家建設を希求するセルビアに今さら王家が必要なのか聞いた時、彼はこう言った。

「もちろん独裁の絶対王政ではない。私がセルビアにおいてカラジョルジェビッチ家の存在を不可欠と訴える理由。それは社会主義時代に失われたモラルを取り戻すためには民族の規範となるシンボルが必要だと考えるからだ。自分たちの文化伝統と道徳心を慮るために王家を市民の上に戴くことが必要なのだ」

本人は果たしてどう思っているのか。

——あなたと密な関係にあるイリッチ党首はセルビアに王制を戻すと言っています。政治的な野心のようなものはおありですか。

今度は一笑に付した。

「それは禁止されているので望みはないでしょう。そういう形ではなくても私はこの国を愛していますから。秘密を少し話しましょうか。私はすでに八七年に一日だけ極秘でこのベオに戻ってきたことがあるのです。それが最初の一歩でした。実はそれ以降、私たち一家は公式に帰国しても良いと言われるまでに一二回、セルビアに来ているのです」

驚きは大きかった。八七年と言えばミロシェビッチが台頭する前、そしてユーゴ連邦の崩壊が始まる前である。堅固な社会主義システムがまだ存在し得た頃に永久に帰国を禁じられていた王族が出入りしていたとは。

意外なことに王女は親日家でもあった。

「来日経験もあります。和食はヘルシーでとても気に入っています。日本の文化の起源についてどう思いますか？　自然を愛でて芸術の中に取り入れることにとても長けていると私は考えます。和を大切にする心。その根底には仏教があるのです。あなたはイケダセンセイを知っていますか」

聞けば熱心な創価学会の支持者だという。この宗教団体がベオで活発な布教活動をしていることはかなり前から知らされていたが、王女が学会の機関紙を見せてくれたのには正直驚いた。

「私は自分の香水のブランドをもっています。日本でも展開したいと思っていますよ」

最後は屈託なく笑った。

「最近嬉しかったこと？　王宮を戻してもらったこと。願っていること？　世界が戦争のない平和な状態になること。日本に期待すること？　セルビアの水質や環境汚染を解決するための技術力の供与です」

政治家や宗教家がそれぞれに描く思惑とは別に、王女は確かに自分の足でこのベオの大地に立っている。そんな感慨に浸りながらセルビア大国旗が掲げられた部屋を辞した。

**▼ボイボディナの意志**

「次はいよいよボイボディナの番だ」

そんな通説がまことしやかに囁き出されてかなり経つ。ユーゴスラビア解体の最終章として人口二〇〇万人の北部の州の動向が注目を集め始めた。

スロベニアから始まった分離独立の波。クロアチア、マケドニア、ボスニアと続き、モンテネグロ、コソボと来て、最後にはこのボイボディナ州に行き着くだろうと一部の同業者は言うのだ。ならばセルビアはいったいどこまで小さくなるのだろう。大セルビア主義ならぬ小セルビア主義だ。

ボイボディナは第一次世界大戦前まではオーストリア・ハンガリー帝国に属していた。それゆえにハンガリー系住民の数が人口の四分の一以上を占めている。テニス・プレーヤーのモニカ・セレシュがこのボイボディナ出身のハンガリー系ユーゴ人（現在は国籍を変えて米国人）である。コソボにおけるアルバニア系程の圧倒的な多数派ではないにせよ、当然ながらこの人口比は大きな影響を及ぼしている。

隣国というか本国というか、ハンガリーからの牽制《けんせい》も激しい。

NATO空爆が終わった直後の一九九九年六月、ハンガリーのヴィクトール・オルバン首相はブダペストで会ったNATO軍のウェズリー・クラーク最高司令長官に、コソボ和平案にボイボディナにおけるユーゴ軍の削減を織り込むように要請している。さらにその二ヶ月後の同年八月二〇日には同じく首都ブダペストで極右政党「正義と生活党」が集会を開き、代表のチェルカ議長が「ボイボディナの同胞ハンガリー人三五万人を救うためにあの地域を我が国に吸ディナ。

収すべきだ」とアピール。一万人の大聴衆の喝采を浴びた。前年九八年七月の選挙で一四もの議席を獲得した歴とした隣国ハンガリーの政党が、吸収併合案を公然と掲げるのがこのボイボディナ。

脅威だ。ボイボディナ州の分離は進むのだろうか。

二〇〇二年六月。ベオグラードから乗り合いバスで州都ノビサドに向かった。

市内を散策すると、この地域がいかに多様な民族によって構成されているかが分かる。中央郵便局にはセルビア語、クロアチア語、ハンガリー語、スロバキア語と四ヶ国語の看板が掲げられている。

面会を求めたのは過去から現在に至るまで反ミロシェビッチの政治家であり、この州の将来を占うのに最も適したと思われる人物ネナド・チャナック議長。

チャナックは一九五九年、同州のパンチェボ市生まれ。ハンガリー国境に近いスボティッツア大学の経済学部を卒業し、石油産業の輸出入部門とテレビ局で働き、その後政界に転出したのだが、前ミロシェビッチ政権時代にボイボディナの自治権を求める運動を展開し、かなりの弾圧を受けた過去をもつ。活動家として一〇回以上逮捕され、特に九一年には懲役代わりに兵士として戦地に送り込まれて地獄を見ている。投入されたのが、クロアチア戦争における最激戦地であったブコバルのスラボニア前線だったのだ。

建物の九八パーセントが破壊された現場で、チャナックは死線を彷徨《さまよ》った。これが当時よく言われた、ミロシェビッチによる反体制政治家への間接的な暗殺の仕方だった。チャナックは幸運なことに生きて帰ってきた。現在では与党DOSの構成政党の一つであるボイボディナ社会民主同盟の党首を務め、同州議会の議長。まさにボイボディナの顔である。

「顔」は具合の悪い足を引きずりながら執務室に私を招き入れた。話し始めるとまるで機械のように次々に言葉を紡ぐが、驚く程無表情で感情を表に出さない。対話の中でニコリともしないバルカン人に出会ったのは初めての経験だった。

私はまず単刀直入にぶつけた。

――ミロ・ジュカノビッチ大統領率いるモンテネグロ共和国は、ユーゴからの独立を常に念頭に置いていますが、あなたが議長を務めるボイボディナ州の未来はどうなのか、果たしてその野望があるのか。

チャナックは言下に切って捨てた。

「我々が独立を要求したことは一度もない」

嚙んだ苦虫をそのまま飲み込んだような顔で即答した。

「我々が願うのはあくまでもボイボディナの自治権の拡大だ。中央政府とのより良き連絡関係と立法の権利。独自に法を政策することでユーゴの他の地域にも安定をもたらせたいのだ」

七四年にチトーはユーゴ内の各共和国、各自治州がもつ権限の平等を徹底させる七四年憲法を制定させた。民族融和の国・ユーゴが世界にその存在を知らしめた。

ボイボディナ州チャナック議長（撮影／木村元彦）

しかし、八八年一一月に劇的な変化が訪れる。後に大統領に就任するミロシェビッチ（当時セルビア共和国議長）がこの憲法を改定し、コソボとボイボディナの二つの自治州は、自治権を剝奪されてセルビアの共和国憲法下に置かれたのである。八九年には裁判権と警察権もセルビアの権限とされ、コソボでは猛反発が起きてあの大きな紛争が始まる。

——空爆直後にここノビサドを取材したら七つの言語のインフォメーションがあった。私にとってボイボディナは民族融和の州という印象が強い。旧ユーゴ諸地域で民族主義が台頭してきた中で貴重な存在に思えるが。

「ボイボディナは今回州議会を設置したわけだが。それは二院制で上院と下院。片方は州全体の利益を擁護し、片方は全部で三〇あると言われている各少数民族の利益を擁護することを目的としている。ノビサドに関して言えば少なくとも六つの少数民族のグループがある。それに準じて公用語も六つある。セルビア語、クロアチア語、ハンガリー語、ルーマニア語、スロバキア語、ルーシン語。議会もその六つの言葉で運営されている。これは我々の民主主義の中でも最高のシステムではないだろうか」

誇らしげな言葉が続くが相変わらず表情は崩れない。情を排し理で動くのが政治家と考える。これがこの男の心情なのかもしれない。

――ミロシェビッチ政権時代には、ハンガリー人の人口が減ってしまったという話を聞くのですが、これは事実ですか。

「ミロシェビッチ時代のボイボディナのクロアチア人は、まさに彼によって計画的に追放された。しかし他の民族は自分たちで自主的に出ていっている。ハンガリー人は未来の展望が見出せなくて自分たちで西側に出ていってしまった。前政権一〇年間で一番多く出ていったのは、むしろ若くて教育水準の高い人々だ。ここに残っていては生活できないという連中が多いのだ」

ここで意外なことを口にした。

「数の面から言えば、ボイボディナで一番減ったのはセルビア人だろう」

そうだろうか。と、私は反論する。資料ではセルビア人の人口に変化はない。コスモポリタンの発言をしながらも、自民族に対する被害者意識が強いのではないかとふと勘ぐる。

「確かに数から見れば減っていない」チャナックは首を振った。

「しかし、それはボイボディナに定住していたセルビア人が出ていった後に、クロアチアやボスニアからのセルビア人が新しい難民としてこの地域に入ってきた結果なのだ。教育水準から見れば明らかに落ちている」

なるほど。膨大な数の難民が流入し、収容されているボイボディナで人口が増えていないはずがなかった。

スロベニアやクロアチアが独立を掲げた大きな理由に、経済格差に対する大いなる不満があった。貧しい南（コソボやマケドニア）の連中を何で俺たちが働いて面倒を見なくてはならないのか。同様の不満はないのだろうか。

——豊かなボイボディナが他の貧しい地域を食わしている。そんな状況をどう思いますか。

「不満はない。確かにボイボディナの経済的先進性は今に始まったことではない。オーストリア・ハンガリー帝国があった時もボイボディナはそうであった。冷戦時代に西ベルリンが東ベルリンのショーウインドウであったようにボイボディナもそうなるべきだ。しかし、肝心の製品を生産するラインが破壊されているので、それを復興させなくてはいけない」

——それは空爆でやられたのですか。

「そうだ。軍事目的として石油生産、食糧、エネルギーなどの生産施設を破壊された。我々は九九年に初めて直接的にインフラへの被害を受けた」

それまでのクロアチアやボスニアとの戦争の段階では、ボイボディナは軍事車両の燃料供給や兵隊への食糧を供給する基地として使われていた。ボイボディナの病院は、いつも戦地から負傷して帰ってくる兵士たちで溢れていた。そういう意味で間接的なダメージは受けたが、ダイレクトに破壊されたのは初めてであった。

——今年自治権を戻すオムニブス法案が通りましたが、これによって自治権は戻ってきていると思いますか。

「実際は何も戻っていない。あの法案は九〇年にミロシェビッチが破棄したボイボディナの憲法上での位置づけを元に戻したに過ぎない。自治州という名前に戻っただけだ」

——あれだけ旧ユーゴ各地で猛威を振るった民族主義が、ボイボディナの中では確かに無風のように見える。その理由は何ですか。

「例えばこの五〇年を例に挙げよう。ボイボディナではここ三世代のどこか一世代に絶対他の民族の血が入ってきている。これだけ多くの民族が入り混じっている限り、入ってこないことは絶対にないのだ。他の民族や文化への寛容性はそこから来る。ボイボディナは民族に関係なく共通の我々の家。例えば民族問題が他の地域であっても、ここではそれはなかった。私もこでそういう教育を受けた。多言語、多文化を親しんで培ってきた。歴史的にそれは当然な土壌なのだ。かえってそういうことを理由にして分けることはボイボディナにとっては悲劇なのだ」

——一〇月五日革命の評価については。

「議会を燃やしてどこが民主的なのだ。ミロシェビッチが追い出されたが、彼のイデオロギーは残った。彼の政権下で甘い汁を吸っていた人も一部は裁かれたのだが、九九パーセントは相変わらずポストに残っていて中には昇格した人間すらいる。一〇月五日は確かにチャンスだったが、遣り残したことがたくさんある」

——あの時は南部からたくさん民衆が上がってきたが、ここからは行かなかったのか。

「もちろん私たちの活動家はたくさんいた。私個人は当時ここの治安安定をめざすためにノビサドにいた。個人的に一〇〇〇人程の活動家を組織してベオに送った。皆衝突に参加したのだ」

——ボイボディナナショナリズムというのがないというのは理解しました。具体的にセルビア政府にはどんなアクションを起こしていくお考えですか。

「私たちが求めていたのは非中央化そして民主化である。重要なのはヒエラルキーではなくネット、つまり横の繋がりだ。我々は中世的な封建的な領主を求めているのではなく、近代的マネージメントを求めている。それが実現できれば関係も良好になっていくと思う。仮に失敗すればセルビアは前政権と同じ過ちを繰り返すだろう」

——ボイボディナは自治州からさらに共和国になろうというお考えはないですか。

チャナックはこの挑発にも即答した。

「それは決してない。それは大セルビア主義者たちが自分たちが危険な状況に置かれているという宣伝のために言っているに過ぎない。決してそんなことはない」

――今後も自治権の拡大については働きかけるのですね。

「繰り返すが、これはセルビア内部の関係調整ということです。我々が出ていくということは決してない」

ミロシェビッチに同じ自治権を剝奪された立場にあっても、コソボとボイボディナの現在の立ち位置は決定的に異なる。

コソボにおけるアルバニアがボイボディナにとってのハンガリーとなるのであろうが、貧しいアルバニアに比べて、八九年の民主化以降、着実に経済発展を遂げているハンガリーではその背景が違う。アルバニア本国にとって、旧ユーゴの経済援助を受けたコソボは、さらにKFORやUNMIKの外貨が落ちる垂涎《すいぜん》の場所であるが、ハンガリー本国にとってボイボディナはそれ程価値を見出しているとは思えない。チェルカ議長が言った「吸収すべきだ」というアピールは民族主義者がよく揚げるアドバルーンであろう。

最後にノビサドをぶらつきながら古き善きユーゴの匂いをこの小さな町に感じていた。

# 第三章　セルビア・モンテネグロの誕生

（二〇〇三年）

暗殺されたセルビア共和国首相ジンジッチの葬儀

（撮影／高木勝悟）

## 一　新憲章発布とモンテネグロ

### ▼ユーゴスラビアからセルビア・モンテネグロへ

二〇〇三年二月一二日。モンテネグロ共和国の首都ポドゴリッツアのサッカースタジアム。コモヴィ山から下りてくる寒風吹きすさぶ中、選手入場が始まろうとしていた。

記者席に配布されたマッチデイプログラムに視線を落とす。

印刷は間に合っていた。サッカー欧州選手権予選、紙上にYugoslaviaの文字はない。表記はセルビア・モンテネグロ対アゼルバイジャン。

八日前の二月四日、新憲法憲章が採択され、ユーゴスラビア連邦の廃止に調印がなされていた。一九二九年一〇月の建国以来、七三年続いたユーゴはここに消滅し、セルビア（コソボ州とボイボディナ州を含む）とモンテネグロの連合国家体制セルビア・モンテネグロが誕生した。

FIFA（国際サッカー連盟）がこの国名を認めたのは試合前日の二月一一日。間に合ったのはしかし、印刷と承認だけだった。国際試合前に行われる国歌斉唱ではチトー時代と同じ「ヘイ・スローベニエ」が流れ出した。国家体制が変わっても国歌と国旗は依然そのままだった。

この国歌はユーゴ連邦が崩壊を始めた頃から求心力を失い、試合の度に流されても選手もサポーターも歌わなくなっていた。こんなものは社会主義時代の歌、スロベニアもクロアチアも新国歌を制定しているのに、なぜ自分たちだけが取り残された遺物を愛でなくてはいけないのか。そんなユーゴ人たちの不満を幾度も聞かされていた。

ところがこの日は違った。スタンドを埋めた大多数のモンテネグロ人たちは前奏が始まると同時に全員が起立し、まるで亡くなってしまったユーゴを慈しむかのように大声を張り上げたのだ。歌が終わると次は地鳴りのようなコールが巻き起こった。

「ユーゴ、スラビア！」「ユーゴ、スラビア！」

口髭に白いものが混ざる初老のサポーターは言った。

「ユーゴはもう完全に亡くなった。だから自然に背筋が伸びたんだ」

国名変更決議が提案されたのは二〇〇一年三月一四日。EU（ヨーロッパ連合）の監視の下でセルビアとモンテネグロの間で結ばれたベオグラード協定だ。しかし、そこから新体制の憲法発布に至るまでは難航を極めた。モンテネグロ内の独立派と連邦維持派が対立し、合意までに約一年かかった。

試合前、サッカー協会会長のドラガン・ストイコビッチに話を聞いた。ちなみに彼はセルビア人である。

「サッカー協会内での大きな変化や影響は今のところない。まあ、すでに昔のユーゴではないわけだし、セルビア人選手もモンテネグロ人選手もこの変化ですぐに何かを迫られるわけではない。三年後には一つの結論が出るわけだが、この一〇年間に我々を襲った数々の悲劇に比べれば、今回の変化などは全く平和的な出来事に過ぎないよ」

連邦から連合国家体制への移行。実際、この変化はなし崩しになっていた二国間の関係性を明文化することで整理し、安定を図ったものと言える。

新憲章では議会と政府はベオに設置し、裁判所はポドゴリッツアに置かれることになった。議会は一二六人の議員によって運営される一院制で、それぞれセルビアから九一人、モンテネグロから三五人が選出される。二共和国間に跨《またが》る共通の中央行政は外交、国防、対外経済、国内経済、少数者人権擁護の五つの省庁だけに限定された。

それ以外は各共和国ごとの独自管轄で共和国の権利が拡大したわけだが、新憲章の中で最も重要なのは、ストイコビッチも触れていた「三年後」とタイトルのつけられた第六〇条だ。

「三年後、各共和国は国の地位を変える権利、つまりセルビア・モンテネグロ二国連合国家体制から撤退するという権利が生じる」

この条項ではモンテネグロが三年後の国民投票で過半数を得れば、連合国家からの離脱を認めている。三年後に合法的に独立できる権利を勝ち得たとも言えるが、三年間の思考する猶予を与えられたと見ることもできる。

実際、モンテネグロの住民はどう考えているのか。弱小アゼルバイジャンに二－二で引き分けた試合の翌日、早速動いた。

### ▼モンテネグロの首都の声

古都ツエティニエは第一次世界大戦前まで独立国家だったモンテネグロの首都。戦災をまぬがれているために、ニコラ王朝時代の荘厳な建造物が誇らしげに建ち並んでいる。

歴史と伝統がありプライドの高さを感じさせるこの町は独立一色だった。バスターミナルには「НЕЗАВИСНА!（独立）」のポスターが貼られ、市庁舎には王朝時代の旗が公然と翻り、機運の高まりを発信している。

カフェや、雪の残る路上で無作為に話しかけた人々は口を揃えた。

「独立は全てのモンテネグロ住民の悲願だ」（五一歳男性）

「現在の国家連合は独立までの暫定的な姿に過ぎない」（四五歳男性）

図書館を訪ねると、一九世紀、オスマントルコと戦った際に分捕ったという三日月旗が誇らしげに陳列されていた。独立王朝時代の記憶が至る所で見られるツエティニエでは、セルビアと分かれることは当然の回帰と考えられているようだ。

一方で全く異なる意見に支配されている町もある。

モンテネグロの名物は何といっても闇市だ。人口約六〇万人のちっぽけなこの国は、ブドヴァやコトルといったアドリア海沿岸の観光地も備えてはいるが、実質はアンダーグラウンド経済が支配している。次に向かったトウージイはその密輸の窓口となっているアルバニア国境近くの町。モンテネグロとは「黒い山」の意味であるが、トウージジイの闇市はまさに岩山の麓で繁盛している。入り口になっている金網のゲートをくぐると、ショッピングモールのように多種多様、様々な店の連なりが視界に飛び込んでくる。

遠目に映る黒い山肌とカラフルな商品群は奇妙なコントラストを描いている。電化製品、貴金属、衣類、下着、食器、玩具、自転車、バイク、食品からアルコールまで、扱われていないのは自動車位だろうか。種類のみならず驚かされるのは豊富な量だ。KINESKA SHOP（中国ストア）と看板のある家電の店を覗くと、プレイステーション2の表示があり、SONYと手書きで書かれた製品が山積みになっている。軒先に吊り下げられたサッカーボールを大騒ぎして触っている子どもの横では、恰幅のいいおばちゃんが、ロ－レックスやブルガリの時計の束を腕に巻いてジャラジャラと鳴らしている。

これら全てが密輸品。その中でも多いのがタバコである。マルボロやラッキーストライク、ラークといった米国銘柄のタバコがカートンごと堆く積まれている。手にとって確認すると隣国ボスニア・ヘルツェゴビナの証紙が貼られていた。値段は一箱が一ユーロ。少なくとも現地政府への税金を納めていないことは明らかだ。現在ＥＵはモンテネグロを一億ユーロに及ぶタバコの密輸の罪で提訴している。私は二〇〇〇年秋に同じくトウージジイを訪ねているが、その際に巨大なトラックが、まるで名古屋の嫁入り道具のようにタバコを満載して走り回っているのを目撃している。

混沌としたこの商店街を歩き回ると、頻繁にアルバニア語が耳に入ってくる。モンテネグロ内にアルバニア系住民は約六万人程存在するが、このトウージイには特に多い。

貴金属屋で店番をしていた若い男に独立について聞いた。サングラスを掛け、黒い革ジャンを羽織ったいかにもそれらしい露天商。

「セルビアから離れることには反対だ。考えてもみろよ。モンテネグロの人口はセルビアのたった一〇分の一以下だ。自分たちだけでやっていけるわけがない。あの市場がなくなったらここで売っている物も捌けなくなる。観光産業もニクシッチで造っているビールも痛いだろうよ。セルビア人たちは同じ外国ならオーストリアやイタリアへ行くだろうし、ドイツやチェコの酒を飲むだろう」

トウージイの闇市（撮影／木村元彦）

利に聡い密輸ブローカーは慎重だった。
物の大半はセルビアで売り捌かれる。現在の通貨単位はセルビアがディナールで、モンテネグロはユーロだが、新憲章一二条では、二国は共通マーケットであると規定されている。人、商品、サービス、賃金の自由な通行は明確に保障されている。しかし、独立して税関が強化されれば、密輸品を今程たやすく運ぶことはできない。サングラスの男はルートまでご丁寧に教えてくれた。

「密輸品は麻薬も含めてアルバニアから仕入れている。受け渡し方法はいろいろあるが、夜半にスカダル湖の真ん中で、モーターボートで待ち合わせるというやり方もよく使う。分かるか？　この国から密輸経済がなくなれば生活は成立しないんだ」

もちろんこの地区にも独立穏健派のDPS（民主社会党）はあり、「我々の党は着々と独立の準備を進めている。もしかしたら三年以内に独立すべきかもしれない。とにかく対等な関係になるのだ。一つの部屋に二世帯が住むのは不自然だろう」（コカノビッチ・トウージイDPS地区委員長）という声も皆無ではない。しかし、闇市で採集した声では独立反対が圧倒的に多い。意見を分かれさせているのは、民族的な意識以上に経済に対する認識だろうか。

長野県程の大きさしかないモンテネグロにも経済格差はある。ブドヴァやコトル、海岸線に連なる風光明媚《めいび》な南のエリアは豊かさを享受し、荒れた岩山にへばりつくような生活を強いられる北の地域は貧しさから抜け出せない。当然、前者は独立を望み、後者は国家連合の継続しかないと主張する。現在のところ、モンテネグロ議会では独立派の急先鋒、というか声高に独立を謳い上げることで求心力を得てきたジュカノビッチ首相のDPSを中核とした与党連合が最大派閥で三九議席。対して独立反対派のSNP（社会人民党）を中心とする野党連合が三〇議席。

定数が七五議席なので独立派が有利だが、「セルビアから離脱すればすぐにEUに加盟できる！」とジュカノビッチがヒステリックに叫んでいたミロシェビッチ政権時代に比べれば、その勢力は拮抗《きっこう》し始めたと言える。

ジュカノビッチ首相は大統領時代から露出も多く、独立派の主張については散々報道もされている。ここはむしろＳＮＰの見解を聞こうと考えた。

## ▼新憲章草案者

オフィスで新憲章の草案作成に参加したベリザ・カルジェロビッチに会う。

「我が党はこの新国家誕生を歓迎する。この憲法憲章は共同国家を継承するという本来の目的に叶ったものだ」と大きく評価する姿勢を示した。制憲委員会にはセルビアとモンテネグロ合わせて二六名のメンバーが携わったが、モンテネグロからは独立派のＤＰＳから五人、連邦派のＳＮＰから三人という構成だった。その中で独立反対の意志は伝わったとカルジェロビッチは満足気だった。

「問題は今まで不安定だった二国間の関係を、より明確にすることにあった。ベオグラード協定というのは現実の追認に過ぎないのだよ。話をモンテネグロに限定すれば、五年前からすでに国防と国際航空線のコントロール以外は、連邦の機能が働いていなかったのが現実だ」

現実の追認という表現には膝を打った。実際、モンテネグロは独自の領事館を西ヨーロッパに設けて、単独の外交を展開していた事実がある。ＳＮＰが独立に反対する理由と、とりあえず凍結できた今後三年間の展望についてはどう考えているのか。

「文字も言語も宗教も同じ、そしてセルビアが我々にとって市場であるのは間違いない。セルビアとモンテネグロは切っても切り離せない。独立、独立と騒いでも、本国に住むモンテネグロ人と同じ位の数の同胞がセルビアに住んでいる。その現状を踏まえて連合国家体制を強化した方が、明らかに我々の利益になると考えている。ジュカノビッチは我々をセルビアの利益を擁護する売国奴政党だと散々攻撃してきたが、では彼が大統領になってからのこの五年間でどうなったのか？　この国は腐敗と犯罪に染まってしまった。なるほど三年後には独立権が得られると明記されているが、よくよく文言を読んでみると、確かにモンテネグロに独立は認められるが国家継承権はない。これからの三年間で、市民は冷静に独立に利益はないと悟るのではないかと思う」

――これまでは欧米社会がジュカノビッチの後ろ盾になっていたが、変わりつつあるのではないか？

「西側がミロシェビッチ政権を打倒するために彼を利用してきたのは事実だ。そのために彼の不法な行為を見逃していたのだから。あなたも知っての通りのタバコの密輸だ。いい加減なデータは与えたくないが、そのタバコの密輸で儲けた利益で、とんでもない豪邸が建ち並んでいる。これは法治国家としての恥だ」

最後にコソボ問題について言及した。もしもモンテネグロが独立すれば、コソボのアルバニア人たちが刺激を受ける。旧ユーゴスラビアで真っ先に独立を訴えたコソボがモンテネグロにも先を越される。最後までセルビアと分離できずにいることを認めたくはないだろう。同時にモンテネグロにいる、人口の七パーセントに当たるアルバニア人にも飛び火をするのではないか、すなわちマケドニアのように。カルジェロビッチはこの問いに拍子抜けするほど簡単に頷いた。

「確かに彼らアルバニア人は、議会で諸権利を求めながらさらに勢力を拡大していくだろう。が、まだ問題は起こってはいない。少数民族の条項については国際基準に合わせようと考えている。コソボ問題について言えば、国連安保理決議一二四四号で、コソボはセルビアの一部とされている。そこはやはりセルビアが履行していくべき問題だろう」と結んだ。

そのセルビアとの連合維持を主張する政党でありながら、まるで対岸の火事のような言い方だった。

では、実際モンテネグロ在住のアルバニア系住民の意識はどうなっているのか。

翌日、モンテネグロのアルバニア人向けに電波を飛ばしているテレビ局に向かう。局の名はBOIN。若いディレクターに日本では巨乳を意味すると言うと笑い転げた。番組で使用されているのはアルバニア語、スタッフも全員アルバニア人。

荒野にぽつねんと建つ局の中は小さなスタジオと編集室、そして事務用の部屋が二つ。対応してくれたのはトーマ・ボヤイ。二〇〇一年にこの局を作ったディレクター。

「我が局はモンテネグロで初めてのアルバニア語放送局。五万人の視聴者がついていて、エリアはアルバニア本国からコソボの北部まで見ることができます。しかし断っておきますが、決して原理主義ではない。アルバニア語の分からないモンテネグロ人や、外国在住のアルバニア人がゲストの場合は自言語で語ってもらいます」

番組は子ども向けのアニメ、携帯電話からのリクエストができる音楽番組など。昔コソボで見たような民族主義的なプログラムが中心ではない。

「我々は意図をもって報道しているわけではない。政治的な圧力がかかるようなスポンサーはいない。ボイスオブアメリカやコソボの放送も流していますが、夜の九時からは自局の報道番組を放送しています」

これは『手袋を外して』という硬派討論番組。日本的に意訳すれば『裃《かみしも》を脱いで本音で』と言ったところか。言うなれば『朝まで生テレビ』のモンテネグロ内アルバニア版。

「与党や野党を問わずに、視聴者も巻き込んで独立の是非を語らせました」

――その時のアルバニア民族の反応は？

「様々な意見が出て、一概に賛成したとか反対したとかは言えません。ここはセルビア南部やあるいはコソボと違う。まあ経済がもっと良くなれば政治のことなんかニュースにはならないのです」

ここにはアルバニア人の諸権利を守る政党も存在する。当面はコソボと連動しようというマケドニアのような大コソボ主義の匂いもまだ漂っていない。ボヤイが言うように、六〇万人の共和国の中の彼らアルバニア系五万人の同胞は、極めて穏健にモンテネグロの推移を見守っているようだ。

新憲章発布直後のモンテネグロを歩いて考えた。今回の憲章はバルカン的ななし崩し承認ではなく、法の上から問題を解決していこうという道筋を作ったこと、そして国際的にも二国間の存在が続いていることを明示できたという点に意義があった。ハビエル・ソラナ共通外交上級代表が自らベオまで来て調印させたところからも窺えるように、EUにとってもモンテネグロの尚早な独立は望むところではない。

さらに強く感じたのはジュカノビッチの求心力の低下だった。彼は共和国の権利拡大を見越し、事前に大統領よりも実権が握れる共和国首相への転出を露骨に図っていたが、さすがに姑息だと批判されている。またEUが提訴した密輸貿易への関与も問題視され、二年前の勢いはかなり減速していた。

ジェフ市原でプレーしていたブドヴァ出身の元Jリーガー、ネナド・マスロバルが言った。

「ジュカノビッチには失望した。あいつは風見鶏だ」

ミロシェビッチ政権が崩壊した現在、皮肉なことに彼の存在理由は薄れつつある。利用価値を見切ってしまった西側も冷淡だ。それまで見のがしていた彼の副業に急に目を光らせ出したのだから。もっとも屋根に上げられたはいいが、ハシゴを外されたと感じているのはジュカノビッチ本人だろう。

ともあれ、暫定案で一息ついた。この国がまだ過渡期であるのはその国名からも明らかだろう。

あなたは何人？

「私はセルビア・モンテネグロ人です」って。

## 二　新憲章発布とコソボ

### ▼セルビア最南端の町

二〇〇三年二月一五日。モンテネグロからベオグラードに戻った。

新聞報道では、セルビアの極右政党急進党党首シェシェリが、自ら進んでハーグ戦争犯罪法廷に向かうと伝えている。ミロシェビッチの引渡しを徹底して批判していた男。彼は戦勝国が戦敗国を一方的に裁くハーグの不当性をそこで訴えるという。セルビアの民族派はこのアクションに快哉を叫ぶ。

昨年の大統領選挙で敗れたとはいえ、シェシェリは大きな支持を集めている。その背景には、ジンジッチが推し進める急速な改革が、民族の尊厳を蔑ろにした欧米追随だという批判がある。

シェシェリは現政権に対する不満層を巧みに掬《すく》い取っている。月末には急進党主催のハーグ行き壮行大集会が行われる予定だ。

取材許可証を取るために情報省に行けば、旧知のラティノビッチ広報官が「うちもどうなるか分からないのだ」と愚痴る。ユーゴスラビア連邦の管轄にあった省庁がセルビア共和国の下へと移行し、職員のリストラも始まった。

翌日、浮き足立っているようなベオを後にしてコソボに向かう。国名変更をはじめとする新憲章発布を、コソボのアルバニア人たちはどう捕らえているのか。また拉致問題の解決を求める一三〇〇人協会の活動に落とす影響はあるのか。新憲章にはコソボはセルビアの一部と明記されている。独立以外に未来の道筋はないと考えるアルバニア人に刺激を与えるには十分に思われた。

朝六時発の列車に揺られてブヤノバッツに到着したのが、昼過ぎ。

今回まず鉄道でセルビア最南端のこの町に寄ったのには理由があった。ここはマケドニア国境に近く、アルバニア系の住民が半数を超す。コソボの武装組織は越境してこのエリアまで勢力を伸ばそうと動いていた。ＵＣＫ（コソボ解放軍）がＵＣＰＭＢ（プレシェボ、メドベジャ、ブヤノバッツ解放軍）と、セルビア南部の都市名に名前を変えて権利拡大を図っている。ブヤノバッツはいったいどうなっているのか。その興味がまず先にあったのだ。

雪の積もった歩道を歩くと「民族融和を推進しよう」というセルビア語とアルバニア語で併

記された看板に出くわした。町全体に漂う危機感の表れだ。この看板、町を一通り歩くと至る所に立ててあった。ほんの数キロ離れたコソボやマケドニアで行われている現実を考えれば、脅威を感じずにはいられない。

カフェでたむろしているここでのマイノリティー、セルビア人に話を聞けば「怖い。ここ数週間で事態は多少ましになったが、それでも以前に比べれば緊張が隠せない」と不安を口にする。現在、流入してきている武装勢力の取り締まりに警察が乗り出しているという。武器の摘発作業が始まり、市内のアジトと見られる民家では、大量のカラシニコフが続々と発見されている。

夕方プリシュティナに向かうタクシーを拾う。コソボに入るために当然ながらドライバーはアルバニア系だ。ここでは真逆の意見がある。武器回収作業について聞けば、「ひどいものだ。警官は夜中にいきなりやってきて家捜しをする。強権も甚だしい」と不満を露にする。この町で生まれ育ち民族融和の時代を知る彼にしても、心情的にはやはりコソボに近いものになっていることを痛感する。

**▼プリシュティナの「KMDLNJ（人権と自由の擁護会議）」**

二月一七日。朝から冷え込む。天気は良いが吐く息は白く手足は痺れる。気温はマイナス六度だった。

毛糸の帽子をずっぽりと被って州都プリシュティナを歩き、新たに設立されたTMKの巨大な軍事教練施設を見る。双頭の鷲が赤地に抜かれたアルバニア国旗がはためく。TMKとはコソボの国土防衛軍の意であるが、開校式典にタチ元KLA（コソボ解放軍）司令官がスピーチをしたことで明らかなように母体はKLAである。表向きは解散しているが、何のことはない、米軍の後押しで名前を変えただけで公然と存在している。

一三〇〇人協会を追っている者としては、公正を期すためにアルバニア側の行方不明者捜索組織も必ず訪れなくてはならない。空爆の直前、そして最中にセルビアの正規軍や民兵部隊に、大量にアルバニア系住民が追い出されている。これもまた紛れもない事実だ。行方不明者を捜索しているオフィス「KMDLNJ（人権と自由の擁護会議）」（Council for the Defense of Human Rights and Freedoms）もまたプリシュティナにある。

取材に応じてくれたのはアデム・ガシ事務局長。

「シェシェリがハーグに行くのは当然だ。彼はラチャク村の虐殺事件について、我々は成功したと発言したのだ。チェトニックのミハイロビッチ将軍ですらこんなひどい発言は言ったことはない。彼は共和国副首相として戦争に参加したのだ。立場のある人間の言葉でどれだけの人間が死ぬのか、考えてみるがいい」

これはデータだ、と言って殺された人々のリストを開示した。氏名、年齢、出身地そして遺体の発見された現場が記されている。

「ジャコビッツアだけで七四二人。推定では三〇〇〇人以上だ」

治安部隊にせよ、民兵にせよ、空爆中にセルビア側が行った残虐行為については徹底して究明されるべきだ。何よりセルビア市民がそれを知りたがっている。コソボのスーパレーカで見つかった虐殺遺体を冷凍して、ベオグラード郊外バタイニッツアに捨てた事件などは、骨の発掘作業が現在も続いている。

常識的に考えて、殺されたアルバニア系住民が全員KLAであったとは考えられない。自らの加害性を互いに歴史として自覚し合ってこそ、真の民族融和の再構築が始まるのだ。空爆中におけるセルビア側による「民族浄化」は確かに存在した。しかし、現在の問題は国連統治下における今になってもその逆の「民族浄化」が粛々と行われていることだ。

何のためのUNMIK（国連コソボ暫定統治機構）なのか、何のためのKFOR（コソボ治安維持部隊）なのか、そして結局何のための空爆であったのかに辿り着く。

小奇麗な身なりに分厚い眼鏡、まるで大学教授のような風貌のガシに、セルビア側の行方不明者捜索団体と協調する予定はないのかと問うた。

「確かに彼らの身の上に起こっている悲劇があることも知っている。しかし、互いにナーバスになり過ぎて現実的に協調することは困難だ」と首を振った。

午後は一三〇〇人協会のコソボ支部のヤスミナ・スタニシッチに会いに行った。彼女はプリシュティナから二〇キロ離れたリュプリャン村で生まれ、現在は難民生活をしている。

行方不明になったのは一九歳の弟。一九九九年六月二二日にリュプリャンから九キロ離れたスロビニャ村の家からトラクターに乗って出かけていった。それが最後だった。夜になっても戻らず、捜しに出ると少し離れた場所にトラクターだけがエンジンをかけたまま残っていた。二四日には家族全員がKLAに家から追い出された。

ヤスミナはコーヒーを淹れながら境遇を語り出した。やつれた表情は二六歳には見えない。

「いい人はまだいるもので、ここはロマの家で、ちょうどドイツに出稼ぎに行っているので借りている。昔は一ヶ月五〇ユーロでセルビア人から借りていたけれど、今は彼らも家賃を高く払ってくれるKFORの兵隊たちに貸している。だから私たちは同胞から追い出されたのよ」

二月一〇日にベオの大統領府でUNMIK、国連のICMP（国際行方不明者委員会）、国際赤十字、そしてチョービッチコソボ担当相が話し合った結果、ようやくUNMIKが行方不明者の調査に乗り出すことになった。

しかしヤスミナは弟の消息について淡い期待を抱かない。

「二月一七日、ちょうど今日から始まったようだけど、私が理解した範囲ではUNMIKの犯罪刑事課を動員して聞き込みを行うというだけ。そんなことで真相が究明されるはずがない。あなたも見たでしょう？　あのTMKの施設を。国連安保理決議一二四四条によれば、KFOR以外の軍隊は存在してはいけないのに、アルバニア人たちは自分たちの軍隊を作ってしまった。それをUNMIKは黙認している。そんな彼らにまともな捜索ができるはずがない。KF

ORが入ってきた理由は非アルバニア人の保護ということでした。でも実はアルバニア人の保護に他ならない。KFORとTMKは一緒になっている。KFORが入ってからこれらの殺害や拉致は始まったのですから」

横でヤスミナの母が、私たちの軍隊も戻ってくるべきよ、と怒鳴る。しかし、それではまた報復の連鎖が始まりかねない。互いの境遇を今から想像し合えないものか。ガシにしたのと同じ質問を投じる。

――あなたもご存知だと思うが、アルバニア側にも行方不明者は多数出ている。彼らとの連携を取る気はないのか。

ヤスミナは意味を理解した上でゆっくりと口を開いた。

「二〇〇一年の春にプリシュティナの米国大使館にヨルダンの女王が来たのです。その時に拉致被害者家族が会合をもちました。同じようにアルバニア人の団体も集まったのです。虐殺のあったスーパレーカのメンバーもいました。彼らは我々と視線すら合わそうともせず、近くに座ることも拒否し、何の接点も見出せなかったのです。でも……」

一度言葉を切って続けた。

「その中で大学教授という人が一人だけ、名前を忘れてしまったけれど彼だけが『ここにいる我々は皆同じ立場なのだ。痛みは察し合わなくてはいけない』と言ったのです。私も人間として彼と同じ意見です」

ヤスミナはアルバニア人も被害者であるとの認識を示し、その上で怒りを再びＵＮＭＩＫに向ける。

「今回メルダレで行われたＵＮＭＩＫ主催の遺品の展示会では、六九人分の衣服と写真が出されました。そのうち七人分の照会があった。引渡しがあったけど、ＵＮＭＩＫはどこで埋葬されていたのかを遺体の段階では話すだけ。問題は誰が拉致して誰が殺したかなのに。二八体のプリズレンの遺体は誰が拉致したのかも分かっている。ＵＮＭＩＫに名前も写真も通報したけど何もしない。犯人は今も町を歩いているのよ。ドラグタンで遺体が出ました。引き渡します。それだけよ」

——シェシェリがハーグに行くと言い出したことについてどう思う、と言うと母親が引き取った。

「ハーグが公正ならばタチを捕まえるべきでしょう。彼はまだ議員じゃないの。私たちがベオに来たデルポンテ（ハーグ戦犯法廷主席判事）とかち合うといつも拉致のデータを渡すけど、彼女はそれを知っていて何もしない。今来ているでしょう？　今日はベオにいて明日はモンテネグロでしょうけど、どうするのか見物だわ。そしてそのデルポンテに何も言えない今の政府なのよ」

セルビア政府が圧力に屈してアルバニア系の政治犯を釈放した結果が、今の状況を生んでいる。民族主義のテロリストたちが野放しになれば、その結末は見えていたであろうに。

今回の新憲章発布をどう考えているのか、それを最後に聞いた。

「今回の憲章には、コソボはセルビアの一部と明記されているので、そのことには安堵しています。もっとも、セルビアの一部に残っても捨てられているも同然ですが。でも私に言わせれば、それにコメントするなんて馬鹿馬鹿しい些細なことです。自分のことに比べればもうどうでもいいこと。弟もいなくなったし、家も失った。何もない。国名が変わったことがどうだと言うのです。これは伝えます。いや、伝えたい。弟の名前はゾラン。いなくなった私の弟の名はゾラン。北朝鮮は日本から何人拉致したのですか？　数は分からない。いったいどうして起こったの？　あなたも日本人なら私の気持ちが分かりませんか？」

### ▼コソボはもう独立している？

二月一九日。定宿にしていたグランドホテルが高くなったためにイリリヤに宿を変えた。ここは二月にシャワーから水しか出ないのがつらい。

朝食を摂るとコソムスカ・ミトロビッツアへタクシーを飛ばす。手前まではアルバニア人地域だが、橋を隔てればそこはセルビア人居住エリア。コソボ北部のこの町はセルビア側との玄関とも言えるのだ。新憲章発布をこの地域のアルバニア人たちはどう見ているのか。

「シェシェリはもっと早くハーグに送られるべきだった。セルビア人がコソボで何をやったか知っているだろう？」

シプタル帽を被りスモイと名乗った老人は、けたたましくそう言った。街頭で話を聞いていると人が集まってきた。傍らの若い男が言う。

「あの男を我々がどれだけ恐れ、憎んでいることか」

コソボはセルビアの一部と規定している新憲章に不満はやはりあるか、と聞けば、

「全くない。我々はもう自分の国をもっているのだから」と即答された。

名より実なのだ。不安どころか、いかに憲章に書かれていようが、彼らは確固たる現実としてコソボは自分たちの国になっていると実感し、自信をもっている。確かにこの状況を見れば納得してしまう。「独立だ」「独立だ」と彼らは口々に叫んでにこやかに笑う。

次にタクシーで橋を渡り、セルビア側に渡った。

迂闊だった。プリシュティナナンバーの車であることをどこかで忘れていた。橋を降りたとたんに後ろから一台のライトバンが煽り始め、盛んにパッシングをする。アルバニア人のドライバーが慌てて路肩に止めると、急停車して降りてきた男が激高しながら詰め寄ってきた。

「Ti si Srbin? Ti si Srbin?（お前はセルビア人か？　セルビア人か？）」

ドライバーが首を横に振って、落ち着けと両手を揺らすとさらに激しく捲し立てた。

「いいか、俺は人間として言ってやる。お前らはここに来るな。今すぐ出ていけ！」

分かった、と当方のドライバーはハンドルを切った。不快な思いをさせたことをまず彼に詫びた。アルバニア人の彼に橋を渡れと言ったのは私なのだ。こんな所に日本人の甘さが出る。

セルビア人もまたアルバニア人を憎んでいる。前よりも一層。橋一本隔ててこれだけの憎悪が渦巻くことを改めて思い知らされた。

日が沈みかけ、冷え込みが再び身に染み出した頃、ようやくコソボ議会の与党LDK（コソボ民主同盟）のスポークスマンを捕まえることができた。ルゴヴァを党首に据えるこの政党は、独立宣言の審議を議会に提言している。

現れた若いスポークスマン、ラリズム・ジェネリは自信に溢れていた。

――議会で出された独立宣言についてお聞きしたい。どんな段階に来ているのか？

「コソボは現在、国際機関の信託統治下にあるが実質上は独立したも同様です。私たちLDKは日々、独立発展に向けた要素を獲得している。今回はその機が熟したと見て世界に向けて宣言を出したのだ。また国際社会と我々が言う時は米国。最も国際情勢に大きな影響力をもっている国にここまで来たとアピールをするわけです」

国際社会イコール米国と断言するところに今のコソボのスタンスが如実に表れている。ルゴヴァもタチも米国の支援なしでは要職に就けない。皮肉なことに九・一一以降、コソボは世界で一番親米的なムスリムの地域になっている。

次にコソボ独立にはまだ西側諸国は承認していないが、と問うた。独立は宣言するだけではなし得ない。クロアチアが分離できたのも真っ先にドイツが承認をしたからである。コソボはここがネックであろう。NATO（北大西洋条約機構）諸国はなるほどアルバニア側に味方はしたが、独立までは望んでいない。ジェネリはしかし怯《ひる》まない。

「まあ確かに西側はこの独立を認めてしまうと不安定化することを恐れているのだろう。そういう懸念から注意深いスタンスを取っていると思う。しかし我が国会は二〇パーセントの議員数を少数民族のために確保している。大臣ポストもしかり。我々は独立しても多民族のエスニックなコソボこそを保障している。そういう段階を踏まえていけば西側もむしろ安定するということを確信するだろう。私たちはＵＮＭＩＫやＯＳＣＥ（全欧安全監視機構）の監視の下で独立を検討する。国会で決定を下す時も国際社会のスタンダードを踏まえている。周辺諸国にとっても好ましい結果のはずだ。ここ一〇〇年の紛争に終止符を打てるのだから」

それで。と私は今回のタイミングについての疑問を呈した。国名がセルビア・モンテネグロになり、コソボはセルビアの一部とされた。独立宣言はそれに対する意思表示ではないのか。

ジェネリはゆらりと首を振った。

「そうではない。我々の独立宣言は元々準備していたもの。かなり前からベオグラードからの命令は受けないようになっている。何度も言うが実質的には独立している。ベオもポドゴリッツアもそれは認めた方がいい。その方が安定する」

――独立国ならば米軍基地についてはどう思うのか。外国の軍隊が入っているこの矛盾。将来もコソボにい続けるのか。

「ＫＦＯＲに関して言えば、それはＮＡＴＯの戦略に関わってくる。それはＮＡＴＯ次第だ。

る人はいない」
我々の目的は民主独立国家建設である。しかし、我が国民の中で出ていって欲しいと思ってい

ＮＡＴＯに対しては、友軍であるという認識が彼らの中に大前提としてある。しかし私は懸念するのだ。日本の共産党も敗戦直後は進駐軍を解放軍と讃えたではないか。共通の敵を倒した後、ＮＡＴＯが別のベクトルを向いた時、この友軍関係は崩壊する。国の舵《かじ》取りがＮＡＴＯ戦略次第とはまさに属国ではないか。現在起こっている最も深刻な問題についてはどうなのか。非アルバニア系住民の拉致の問題について、ＬＤＫはどう取り組むのか、と突っ込んだ。よもや拉致問題を知らないとは言わせない。ジェネリは認めた。しかし、「それは、法務省の方に聞いて欲しい。我々はコメントするにふさわしい立場にない」と明言を避けた。

私は去り際にシェシェリの移送問題について聞いた。彼はどういった罰を受けるべきか。これについてはジェネリは理性的な回答を出した。
「それはハーグの活動の一つ。それなりの声を上げるべきだ。我々はこの地域を戦争犯罪人から守る。彼は当然その罰を受けるべきだ。しかし、どの国でも国家が一人の人間を捕まえてこれを犯罪人とか言うのは民主国家ではない。それは法の範疇《はんちゅう》だ。私はそういう発言はしない」

ＬＤＫのスポークスマンは、法が政治に侵されてはいけないという意味のことを最後に口にした。そのことには非常に好感がもてた。しかし、すでに「もう独立している」と断言する事

実認識が、国連安保理決議や新憲章を蔑ろにしている。このギャップこそが今のコソボの悲劇である。国連で決められたことも、国内法で既定されたことも事実として遵守をされていない。国際社会もコソボの独立は望んではいない。このズレが将来的に新たな軋轢《あつれき》を生むのではないか。懸念を拭えぬままにベオへ戻った。

▼極右民族派の象徴

二月二〇日。ハーグ戦犯法廷に向かう直前に、シェシェリのインタビューを駄目元で申し込んだら、何とOKが取れた。

ベオグラード郊外、ゼムン市にある急進党本部に出向く。アポイントの時間は午後二時。党首執務室の前の長椅子で待った。暖房は効いているが足元は寒い。震えていると部屋の中から大きな聞き覚えのある銅鑼《どら》声が聞こえてきた。

彼に会うのは二回目である。ボスニア紛争時に民兵組織チェトニック部隊を率いて戦争犯罪をし尽くしたと言われる民族主義者。演説では巧みな他民族への批判と攻撃でセルビア聴衆の喝采を受ける男。アルカンがインターコンチネンタルホテルのロビーで暗殺されてから、極右民族派の象徴になっている男。

秘書が出てきて入室を促した。双頭の鷲の紋章が飾られた部屋の奥に、シェシェリは腕を組み不敵に座っていた。巨軀を震わせて立ち上がった男と五年ぶりの挨拶を交わした。このナシヨナリストは今、何を考え、自らハーグに裁かれに行こうとしているのか。

「ここ八年間、ずっとハーグに行こうと思っていた。あるところから私への起訴状が出るという話が漏れてきたので、その前に出廷することにしたのだ。私が出て答弁することで戦争犯罪もしていないし、その法廷において潔白を証明するつもりだ。私は若い頃から愛国者だ。共産主義政権下で八回投獄されているが、転向をしなかった」

ある意味で正直な発言が聞けた。勇ましく自ら行こうと決めたのではなく、訴追されることが分かったからだ。その上でシェシェリはハーグの正当性を認めていない。

「ハーグ法廷というのは、米国のグローバリズムに代表される、世界新秩序という名の反セルビアの一つの機関に過ぎない」

法学部の教授も務めていたので弁護士はつけずに自分で話すとも言う。それではボスニアやコソボで暴れたという白鷲部隊についてはどう弁護するつもりなのか。聞くと苛立ちを隠さずに唸《うな》った。

「我々の志願兵部隊というのは一万人を数えている。彼らはあくまでも正規部隊の一員として出ていて私には指揮権限はなかった。彼らは軍が崩壊寸前のところに頭数を提供したのだ」

かなりの蛮行をしたそうだが、と問うと。

「それは真実ではない」言下に否定する。

私も矢継ぎ早に畳み掛ける。

――ボスニアやコソボへの派兵は認めるのか。

「ボスニアには送った。コソボには送っていない。しかし、軍が崩壊した時に補充の意味で後から行った」

――コソボでの蛮行は？

「全く真実ではない。潔白が証明されるまで帰ってこない」

この辺りが法廷での焦点になるのは間違いないだろう。しかし、シェシェリには空爆中に行われたセルビア民兵部隊の民族浄化に対する視点が欠落している。コソボはセルビアの一部だと主張する政治家であるならば、そのセルビア内のコソボに住んでいたアルバニア系住民の人権を考えなくて良いはずがない。なぜセルビア側は追い出したのか。コソボのアルバニア人が全員ＫＬＡのはずがない。

――ここに来てハーグはアルバニア系の武装勢力にも逮捕状を出そうとしているが……。

「ノーだ。それはメディアに対するマスクでしかない。空爆を行ったクリントンやブレアやシラクやソラナが起訴されない限りは公平ではない」

米英に国連のリーダー、奴らこそ逮捕すべきだと発言。リアリティーはないが、この言い方が民族派には痺れるのだろう。

――愛国者ならば、コソボで行方不明の一三〇〇人の問題の将来的な解決はどう考えているのか。

「残念ながら彼らは全員死んでいるだろう。ここで重要なのは、米国がコソボに入ってから亡くなったということだ。これは戦争中に死んだアルバニア人の数よりも多い。私は知っていることは全部話す。今の政府の売国奴野郎。ジンジッチ（首相）やチョービッチ（コソボ担当相）がどんな奴か全部知っている。コソボで行われているのは米国の政治だ。独立宣言もそうだ。我が党は残念ながらコソボへ行けないが、ベオの政府はコソボ独立を認めないことが重要だ」

徹底した反米路線。同じ民族派でありながら、米国との接触を積極的に図る「新しいセルビア党」のイリッチとはそこが決定的に異なる。

この時、壁に掛かっている青竜刀のような刀が目に留まった。あれか。

――すでに米国のイラク侵攻が始まっていた。あなたはフセインからあの刀をもらったそうだが。

「サダムには三回会っている。強固に真実を愛し、自国民を愛している。人間として政治家として尊敬している。私は彼を讃えるし、米国が攻撃してもイラクが勝利すると信じている。米国の外交のやり方は傲慢極まる。他の文明には敵対的な方針を取る。覇権主義だ。日本も軍事圧政下にあるし、経済的にも締めつけられているのだろう」

シェシェリの急進党とサダム・フセインのバース党は友党関係にあるのだ。皮肉に感じるのは、ボスニアでムスリム勢力を徹底的に圧していたシェシェリが、反米という一致点からイスラムのフセインと手を組んでいることだ。しかし、現政権は親米一色。ユーゴスラビア軍はかつて友軍関係にあったイラク軍の情報を米軍に開示している。

　このトピックに触れると顔を真っ赤にして怒った。

「ベオは裏切り者政府がいる。イラクを売ったのだ。奴らは米国の犬だ。しかし、奴らこそが、いつかは裁かれるだろう。私はイラクに派兵することはしないが、政治家として党としてイラクに行って人間の鎖を作る。もし私がハーグに行かなければ、三月二日にイラクに行く予定だった。最大の援助をイラクに送ろうと思う」

吼《ほ》えた。

セルビア極右民族派の象徴シェシェリ
（撮影／木村元彦）

——今回の国名変更は評価しているのだろうか。

「それによってモンテネグロの分離主義者の行動を強めてしまった」

　大セルビアを主張する男は独立など論外と意見した。続けてモンテネグロ人がひっくり返るようなことを言った。

「いいかね。モンテネグロ人はセルビア人なのだ」

最後に反米右翼の一水会と共同集会を催した男は、日本に向けてこんなことを言った。

「日本が独立、名誉を保って米国の行おうとしている覇権主義を壊して欲しい。日本の道は中国やロシアやインド、南米と連携し、朝鮮半島の統一に貢献し、平和友好を求めるのだ。アジアから米軍を撤退させること。アジア人がそれぞれに平和友好的な政策をとれば米国など取るに足らない。日本の技術とロシアや中国の潜在能力があれば、大きな勢力になるはずだ」

新憲章発布がどのように受け止められたのか、取材はモンテネグロの独立派に始まってコソボを経て、ベオの急進党まで辿り着いた。スルチン空港へ向かうタクシーの中で私は反芻《はんすう》する。

一年がかりで作られた草案は遅過ぎるとも指摘されたが、これでユーゴの名は消え、急激な変革期に入ったことは間違いない。否、モンテネグロの独立を視野に入れれば過渡期と言えるかもしれない。しかし、このざわついた光景はどうだろう。シェシェリをハーグに送り出す急進党が主催する集会の何と激しく盛大なことか。そして首相ジンジッチの何たる不人気なことか。

デヤンと名乗ったスキンヘッドのタクシードライバーは、ハンドルを揺らし、後ろを振り向きながら「ノー、ジンジッチ!　ピチコマテリ（クソ野郎）!」とこの親欧米路線の政治家を徹底糾弾する。

「奴は米国に魂を売った。俺はミロシェビッチは嫌いだったが、何でもかんでもハーグに送ればいいってもんじゃねえだろう」

デヤン曰く、自分が参加したチェトニックの聖地ラグナゴーラでの民族派の集会では「ジンジッチを潰せ！」とのシュプレヒコールが渦巻いたという。

資金援助と国際社会への復帰こそが、セルビア復興の最大のテーマと信じるジンジッチは、米国からの要求に応え、多額の援助金と引き換えにミロシェビッチをハーグに送った。かつての盟友コシュトニッツアにも知らされず、前大統領はその逮捕をテレビで知ったという独断専行ぶりだった。

「我々の誇りはカネでは買えない。ミロシェビッチはまず国内で裁く」と主張していたコシュトニッツアが人気を博したのとは対照的だ。

新憲章は、なるほど法を明文化することで一つの規律をセルビア・モンテネグロにもたらした。しかし、独立を巡るポドゴリッツアでの対立や、安定とは名ばかりのコソボの現実、そしてベオの急進党の跳ね返りを見るにつけ、ここで感じるざわつきは前進の後の何か巨大な揺れ戻しを予想させた。まだ取材し足りないのではないかと、後ろ髪を引かれる思いでベオを後にした。

帰国して数日後、外電のベタ記事に「あっ」と声が出た。ジンジッチが「最悪コソボはセルビアから分離してもやむなし」とのコメントを発表していた。

見た瞬間、これはヤバイと思った。

NATO空爆中に被害の少ないモンテネグロに避難し、「我々は世界で孤立した。ユーゴにシンパシーを抱いているのは極右と極左だけだ」と分析したジンジッチは、現実を直視する怜悧《れいり》な頭脳の持ち主とも言えるが、国難に際して安全地帯にいたという事実は、民衆の痛みを共有する政治家としての感性に欠ける。事実上コソボが戻ってこないとは、あの土地の現状を見れば誰しもが感じる。おそらくはまた欧米に向けて発せられた言葉ではあろう。

しかし、見棄てられたと感じるコソボ難民や、聖地と信じる民族系の政党支持者たちの反発を一斉に買うことは、目に見えていた。一番してはいけない発言だった。

## 三　誰がジンジッチを殺したのか

### ▼セルビア共和国首相暗殺の背景

二発の凶弾がこの連合国家に大きな影を落とした。

新憲章が発布されてからひと月が経過した二〇〇三年三月一二日、午前一一時四五分。市庁舎前に出てきたセルビア共和国首相ジンジッチに向けて、ユーゴスラビア製のライフル銃が火を噴いた。

わき腹、腹、胸に撃ち込まれた弾丸は、肋骨を粉砕し、内臓を食い破り、被弾者を路上に押し倒した。中央病院に運び込まれ緊急手術を施されたが、まだ五〇歳の働き盛りの政治家は約一時間後に息を引き取った。驚くべきことに、狙撃地点は二五〇メートルも離れた建物の三階だった。ヒットマンはゴルゴ13顔負けのスナイパー、まさにプロの仕事だった。

犯人はゼムン・クラン（ベオ郊外の町ゼムンを拠点とするマフィア）とされ、主犯のレギヤことミロラド・ルコヴィッチは緊急指名手配をかけられた。

このレギヤはノビベオグラード出身で幼少の頃から極悪少年で名を売り、地元の人々は「アルカンのノビベオ版」と呼称する。実際、若い頃に犯罪に手を染めて西ヨーロッパに渡った経緯も似ているし、何よりボスニアで残虐行為を働いた当のアルカンの民兵組織に属した過去もある。ボスニア紛争が終結すると、ミロシェビッチ政権の特殊工作部隊に入り込み、これが表の顔になるわけだが、裏では暗黒組織ゼムン・クランのボスとして君臨していた。現職内務省の警視正がマフィアのボスを兼務する。この辺りがセルビア政治の暗部である。

ジンジッチはこれらのマフィア利権の一掃にも着手しようと考えていた。

レギヤはしかし、一〇月五日革命時にミロシェビッチを見限り、鎮圧のために特殊部隊を動かさずDOS（民主野党連合）側についた人物でもある。裏の世界に視線を落とし見方を変えればジンジッチが邁進した一〇月革命の貢献者とも言える。

一刻も早い国際社会への復帰を唱え、改革を急ぎ続けたジンジッチは、それゆえに多大な恨みを周辺から買ってしまったとも言える。シェシェリのようなポピュリスト（大衆迎合主義者）とはある意味で対極にあり、ドイツ留学経験が長く、それゆえに市民から西欧かぶれの臆病者との中傷も招いた。

そして、世論を味方につけられなかった最も大きな理由は、やはりミロシェビッチを独断でハーグに送ったことだろう。

前大統領は、セルビア国内で裁くべきだと主張するコシュトニッツァを出し抜く形でミロシェビッチ逮捕に踏み切ったことで、かつての同志たちからも猛反発を食らった。ハーグ戦犯法廷に対するセルビア人の一般的感情は「戦勝国が戦敗国を一方的に裁く、二一世紀のトーキョー&ニュルンベルグ裁判」との批判的見方が圧倒的であるが、ジンジッチは〇二年三月に旧ユーゴ戦犯法廷協力法の立法に奔走し、成立させている。

その背後には、この協力法案が通らなければ、四三五〇万ドル（約五七億円）の経済援助を停止するという米議会からの通達があった。

これに対しても、国民の中からは「セルビア悪玉論を無条件に認めてまでカネが欲しいのか」との民族感情による批判が浴びせられた。セルビアが再び世界から孤立することを恐れた政治家は、皮肉なことに自らがセルビア内で孤立していった。

かような背景で市場経済、民主化推進の立役者は四面楚歌の中、殺された。セルビアでは国家非常事態宣言が全土にわたって発令された。私がジンジッチ暗殺後の空気を知るためにセルビアに入ったのは、事件から四〇日経った四月二三日だった。

ベオグラード市パリルラ区の民主党地区委員長タナシエビッチが党首の狙撃事件を電話で知

らされたのは発砲されてから約一時間後、今思えばすでに事切れた頃だった。若い時分からジンジッチを知り、政治活動のみならず、公私共に近しい存在だったタナシエビッチにとっては、信じたくない一報だった。

「生前ジンジッチが常々口にしていた言葉を知っていますか？」

馬に跨るジンジッチのカレンダーが飾られた民主党のオフィスで、タナシエビッチは今、感情を押し殺した面持ちで問うてきた。

「彼はいつもこう言った。『階段を一段ずつ上がる人間は駄目だ』。その生き方に被るでしょう？」

一段ずつ、どころか三段四段抜きで駆け上がろうとした男は凶弾に倒れた。そのスピードに周囲はついていけず、晩年は独走感が漂った。死者にムチ打つようで気が咎めたが、私は聞かずにはいられなかった。その改革はあまりに拙速ではなかったのか。難民や拉致被害者が苦しむ中で、首相自らがコソボ独立を容認するという発言はタブーだったのではないか、と。

無礼な問いにタナシエビッチは少し気色ばんだ。

「あの発言は正しく伝えられていない。ジンジッチの本意は『もしも国際社会がコソボの独立の方向に動くのならそれに従う』という意味だ。独立をあたかも望んでいるようなニュアンスで語られるのは全く心外だ。今、コソボはセルビアだと主張してどうなると言うんだ？　国内での人気は取れても再びセルビアの孤立を深めるだけだろう。空爆時にも（民族派系の）政敵は、これはジンジッチの爆弾だと盛んに中傷してきた。セルビア民族である彼が、本心からコソボを外国にしてしまうことを望むはずがない」

セルビアという国の舵取りをする上でジンジッチはナイーブ過ぎた。政治家は時に多元的な顔を使い分ける必要がある。外圧と下からの突き上げ。例えば日本の保守政党が米国から押しつけられた安保の際に、社会党との談合の中、反対デモをさせては国内世論を楯にその圧力をかわしてきたような狡猾《こうかつ》さがなかった。ゆえに完全に板挟みになってしまった。もっともこれはジンジッチのせいというよりも、セルビアの政治の成熟度に負うところがあるが。

タナシエビッチは心の奥を最後に見せてくれた。悲嘆にくれた表情でこう続けたのだ。

「はっきり言おう。西側のプレッシャーが物凄くきつかった。期限を切って『何日までに戦犯容疑者を何人ハーグに送れ』という通達がいきなり来る。その都度、ジンジッチは同胞の反感や憎しみを買いながら、走り回って逮捕の号令をかけた。暗殺後、ようやく要求が緩くなった。馬鹿にするなと言いたい」

確かに。狙撃事件以後、それまで拒否され続けてきたセルビア・モンテネグロの欧州議会への加盟が許された。まるで散々首を差し出せと要求してきた後に「こいつら少し締め上げ過ぎたかな」、とヨーロッパが言っているかのようだ。

四月二五日晴れ、ベオ共同墓地にあるジンジッチの墓に行く。

集団墓地であるがゆえに、最初は故人の墓に辿り着けるか不安だったが杞憂《きゆう》に終わった。人だかりが遠くからも視界に入るのだ。周囲に献花が山のように積み上げられ、市民が次々に墓参にやってくる。

「正直に言って生前は彼のことが嫌いだったよ」

目深にソフト帽を被った老紳士はそう言って花束を置いた。

「何のために西側に迎合するのか。自分はジンジッチのやっていることは、民族に対する背信だと思っていた。しかしこうして死後に考えると、ようやく彼が何をしようとしていたのかが分かったのだ。素直に私は彼にありがとうと言いたい」

後から友人と連れ立ってきた若い女性は「私は元々、彼を支持していたから、暗殺されたと聞いた時は目の前が真っ暗になった。あれから毎日ここに通っている」と涙を流した。

参列者に話を聞いているうちにも手向けをする人々は増え、それぞれに三本指で右から左に十字を切っては故人を偲んでいく。タナシエビッチは一日最低でも一〇〇人は訪れると言っていたが、あながち誇張ではなかった。

ジンジッチが描いていたセルビアの未来図はいったいどのようなものだったのか。超現実主義者と見受けられた腹の中にどんな理想を秘めていたのか。生前一度もインタビューしなかったことを猛烈に悔やみながら私は思う。

いったい誰がジンジッチを殺したのか。

### ▼デヤン・ダムヤノビッチ――もう一人の英雄の悔恨

四月二八日。ミロシェビッチ政権崩壊から二年半が過ぎ、一〇月五日革命に対する評価も変わってきた。

あの時、イリッチが率いたチャチャックのブルドーザー部隊とベオグラードで合流し、警官隊と睨み合う中、連邦議会に真っ先に突入した「英雄」がいた。戦国時代風に言うなら、栄えある一番槍を浴びせた男の名はデヤン・ダムヤノビッチ。しかし彼は、中央政界への華麗なる転出を図るでもなく、セルビア中部の故郷ミラノバツでひっそりと暮らしているという。

一説にはあの行動を悔いているとも伝えられる。本当だろうか。

朝にベオを発ちバスで「英雄」の町に来た。昨夜から小雨がぱらつき、少し肌寒い。偶然だがこのミラノバツには、かつて名古屋グランパスにいたストイコビッチの通訳を務めた高橋ミリヤナが新居を構えて住んでいる。ミリヤナ宅で再会を祝いランチをご馳走になり、飼われている黒いチビ猫に別れを告げ、彼女の親戚に運転を頼んでダムヤノビッチの家を捜した。フロントガラスには名古屋グランパスのペナントが揺れている。

山間に点在している家々を訪ね回った。ここから南に二〇キロも下れば、イリッチが市長を務めるチャチャック市である。チャチャック同様にこのミラノバツもチェトニックを多く生んだ地域と言われる。そういう意味では反社会党、反ミロシェビッチが骨の髄まで染みた土地な

10月5日革命のもう一人の英雄ダムヤノビッチ（撮影／木村元彦）

のだが……。

　見つけた。

「英雄」はポッネンと小さな農家に佇んでいた。突然の訪問の理由を告げると、照れた笑いを浮かべて家に上げてくれた。

　室内を見回す。六畳程の居間に寝室がもう一つきり。四一歳のダムヤノビッチはここで妻のスヴェトラナ、娘のダリヤ、息子のミロスラヴと暮らす。しかし、仕事はしていない。いや、正確にはできない身体になっていた。

「元々、議会の周囲にはＪＵＲ（ユーゴ左翼連合。ミロシェビッチ夫人の政党）の民兵が四〇人程いて、飛び込むなんて考えてもいなかった。実際、連邦議会に最初に突入した時には、目の前に緑色の球が転がってきた。それはＣ２ガスだったんだ。吸い込んで気を失って気がついたら病院のベッドの上にいたというわけだ」

今も心臓は痛いし肺も苦しい。幾度か仕事に就いても、突然気を失うことがあり、その度に解雇された。もう定職に就くのは無理だ。DSS（コシュトニッツアのセルビア民主党）の幹部にならないかという誘いもあったが断っている。ダムヤノビッチは政治はこりごりだと感じていた。

「はっきり言おうか。あの突入を私は確かに後悔している。革命以降も生活は何一つ良くなっていない。それどころか物価は上がって年金は逆にカットされる。俺が働けないので妻の年金月五〇ユーロ（約七〇〇〇円）で親子四人が暮らしているのが現状だ。ますます悪くなっている」

子ども向けの新聞のデザインを仕事にしていたダムヤノビッチは、旧ユーゴをこよなく愛していた。ミロシェビッチさえ倒れれば全ては昔のようにうまく立ち行くと信じ、活動に身を投じた。愚直に先陣を切った結果が無職に陥り、後遺症に悩まされる毎日だった。亡くなったジンジッチについても不満が弾ける。

「ゼムン・クランに殺された、マフィアが悪いと言うのなら、ジンジッチだってスルチン・クラン（スルチン空港を利権拠点にしたマフィア）との繋がりは濃密にあったはずだ。俺も一〇月五日の午後三時に奴の演説を聞いた時は全身が震えた。けれど今は裏切られた気持ちで一杯だ」

気さくに私にラキヤとコーヒーを振舞いながら、眉間に皺を寄せてこうまで言った。

「もう一度時間を元に戻せるなら、革命などむしろ押し止める側に回りたい」

体制は変わったものの、一向に上昇する気配のない暮らし向き。現政府に対する批判を、当の革命の「英雄」が公然とするところに、現在のセルビアの苦悩が読み取れた。

## ▼ハーグ戦犯法廷の不当性を追及する「スロボダ」

翌四月二九日、ゼムン・クランのアジトに向かう。場所は……。当たり前だがゼムン市だ。ベオグラードから一〇キロ足らずの町。

ゼムン・クランのメンバー、スパソイエヴィッチが所有していた瀟洒《しょうしゃ》な豪邸に近づくにつれ、地鳴りのような轟音が聞こえてきた。パワーショベルのエンジン音。アジトの取り壊し作業の真っ最中だった。ヘルメットを被った作業員たちが重機を操って白亜の壁を粉々に打ち砕いている。威風を誇った大御殿は見る影もない。あたかもメンツを完璧に潰された政府の怒りが託されているかのようだ。

瓦礫の山を写真に撮っていると、警官が声をかけてきた。

「ヘイ！　ＳＡＲＳ」

ウルセー！　と日本語で怒鳴り返す。アジア系の顔を見るとこうからかう輩《やから》はいるが、よもや公僕である警官から言われるとは思わなかった。しかし、ガンを飛ばすと警官の引きつった顔が覗けた。現職首相を暗殺したグループのアジトの解体作業を警備する任務。この警官にしても極度の緊張と興奮状態にあったのだ。

改めてこの事件の大きさと奥の暗さを思い知らされる。

現政権の威信をかけた捜査の激烈さは至る所で見られた。アルカンの妻、ツエッツアも逮捕された。レッドスター・ベオグラードのマラカナスタジアムの前にあるツエッツアの私邸の地下からは大量の武器が発見されている。国家非常事態宣言の下、集会や示威行動の活動が禁じられ上辺では極めておだやかな風景だが、その下で約二〇〇〇人が拘束されたと聞く。ヒステリックな別件逮捕もあったのではないか。

ハーグ戦犯法廷の不当性を追及するNGO「スロボダ」が気になって行ってみた。

ベオの中心街にある事務所前で見渡すと何てことだろう。周辺の路地や建物、ゴミ箱などの至る所に「ミロシェビッチを自由に」のスタンプが押されている。

オフィスの中に入ればミロシェビッチの肖像画が部屋の中心に掲げられており、一〇年前のユーゴスラビアにタイムスリップしたような錯覚に囚われた。構成しているのはミロシェビッチの社会党、シェシェリの急進党、アルカンのセルビア統一党、統一左派とそのメンバーたちで、公称一万人のメンバーがいる。

代表が出てきた。見覚えのある顔だった。髪は乱れ、口髭と顎鬚が顔を覆い、頬はこけ、痩せ細ったその男は、前ユーゴ国防次官にして社会党副党首のヴェリッツア・ボボリブだった。

「一ヶ月前に逮捕されて、四日前までベオ中央刑務所に入れられていました」

やつれ切っていたはずだ。理由は？

「共和国の利益を損なう疑いがある、という罪状だそうです。逮捕状を見せましょうか？」

ボボリブは激してきた。

「説明もなく、被弁護権もなく、弁護士の接見も認められずにぶち込まれて、厳しい取調べを受けたのです。今回、私のように罪なき者がたくさん拘置された。これは犯罪捜査ではなく政治的な行為です」

身体の節々が痛むのか、話しながら盛んに顔をしかめる。

「知っていますか？　ジンジッチが暗殺される数ヶ月前にセルビアの刑務所から現体制の政治的措置によってアルバニア人のテロリスト、戦争犯罪人たちが釈放されたのです。そいつらは内務省部隊や軍の兵士、民間人をも虐殺したのです。現体制はそんな奴らを釈放し、代わりにセルビアの刑務所をセルビアの若者で一杯にしたのです。これが自由の代償というものなのか。日本の方々がこうした状況をどう思うか、ぜひ聞きたいものです」

日本人の私は思う。セルビア治安部隊に全く非がなかったかと言えば、そんなことはない。私が直接確認しただけでも、一九九八年六月の掃討作戦時には大量の難民を流出させ、民間人をも殺害している。自衛のために銃を持って、やむなくＫＬＡになったアルバニア人も中にはいる。

しかし、現在のコソボで札付きのＫＬＡが野放しにされたことでまた拉致が激増することは、絶対に避けねばならない。セルビア警察や軍がいない今は、ＫＦＯＲがその任にあるのだが、散々記してきたように機能をしていない。

ジンジッチについて問えば、こんな慣用句を引いた。

「我々の国には死人に関する一つの格言があります。人は二種類に分けられる。死んで賞賛される人と罵倒される人」

薄ら笑いを浮かべて続ける。怒鳴らない分、それが逆に怖かった。

「ジンジッチは早く死んで罵倒されるべき指導者だった。外圧のプロモーターであった彼らは自らのしていることが民族、国家の利益を損なうとは考えていない」

――あなたたちの活動の究極的な目標は、ハーグに送られたミロシェビッチの釈放にあるのか。

「もちろん、彼の釈放です。これはただ牢獄から出るということではなく、自己の弁護を十分できるということです。しかし、我々の活動は我々が属する国家からは残念ながら支援を受けてはいない。我々もミロシェビッチも同じ連合国家の国民なのにです。新国家は自国民ではなくハーグの検事官を支援しています」

ジュネーブ協定でも国家は国外にいる自国民を支援しなくてはいけないと定めているではないか、とボボリブは憤る。しかし、首はもう差し出されてしまったのだ。ハーグの不公平さを説く彼らはマイノリティーでしかない。

「このように数ある国際機関が進めている愚かなことは軍事侵略的な関係の押しつけです。あなたたち日本の技術的優位性を私は尊敬します。しかしそれが何かの破壊に行使されるのならそれは望ましくない文明となり、国際関係と平和を損なうことになるでしょう」

かつて磐石の支持を誇った社会党のナンバー2にいた男には、敗者となった今も迷いはなかった。強権的なミロシェビッチ政治に対する嫌悪感は拭えないが、それなりの筋も通っている。

そう。イラク戦争がすでに開戦していた。

世界規模で大きな反戦運動が巻き起こっているが、NATO空爆時にセルビアに対する同情的な論調が果たして世界に幾つあっただろうか。国連安保理決議を迂回して行われた軍事攻撃はイラクではなくこのユーゴで最初に行われたのだ。

ボボリブが座った椅子の背後に、ちょうどミロシェビッチの肖像画が見える。テーブルに視線を落とせば、色付き卵が深皿の上に山盛りに積んである。今がイースターであることに気づいた。今後現政権による大規模な強制捜査が幾度か繰り返されたとしても、セルビア人がハーグ法廷の有り様を不当と考える限り、このスロボダは求心力を失うことはないだろう。町中では皮肉なことに、かつてミロシェビッチ打倒を叫んだ市民の側からその声は聞こえてくる。

## 四　ボスニア・ヘルツェゴビナ

### ▼RS（Republika Srpska）のセルビア難民の惨状

二〇〇三年九月二日。クロアチアの国境を抜けると、雇ったタクシーの車窓から「Welcome to Republic of Srpska」の看板が視界に飛び込んできた。

ボスニア・ヘルツェゴビナのセルビア人共和国に来た。

ジンジッチ暗殺の主犯レギヤがここに逃げ込んでいるとのリークが入ったからだ。

ボスニアでは、共存していたセルビア人、クロアチア人、イスラム教徒の三民族が激しく攻撃し合う隣人殺しの内戦が、一九九二年から九五年まで続いた。九五年一二月に米国オハイオ州デイトンで結ばれたデイトン合意で停戦になるわけだが、これによりボスニアは国連の統治下に置かれ、対立民族が分かれて暮らすような線引きがなされた。

クロアチア人・イスラム教徒が住むボスニア連邦と、セルビア人が暮らすセルビア人共和国に分割されたのだ。線引きをされたその結果、ボスニア連邦に住んでいたセルビア人は、追い出される形でこのセルビア人共和国に大量に流入している。ジンジッチは「もしもコソボが独立するならこのRSをセルビア本国に吸収させるべきだ」との意見を提唱していた。まるで玉突きの国境変更。

　レギヤはこのセルビア人共和国通称ＲＳ（Republika Srpska）の中で息を潜めているという。情報を集めるために首都バニャルーカの新聞社ネザ・ビスノストに向かう。

　話を聞かせてくれた若い男性記者は、はっきりとここでレギヤを目撃したと言い放った。

「先日、うちの社長のジェリコとランチをすぐそこのロマーナレストランで摂った時だった。店の前にノビサドナンバーの車が停まっていて、そこから出てきたのがまさしく彼だったんだ」

　――それは確かか？

「ああ。未確認情報によれば、レギヤはジンジッチを暗殺した後にすぐにサラエボの東約三〇キロのところにあるスコヴァッツに来ていたという。今はヤホリナ山かここバニャルーカにいるという情報もある。あるいは国境の町ビイエリナに逃げているとも言われている」

　――見つけることは可能だろうか？

「首筋にバラの刺青があるからそれで発見できるかもしれない。ただとてつもなく危険だろうね」

　やめておけよと言うように、彼は首を横に振って、安タバコに火をつけた。失笑しながら、

「実行犯を知っているよな？　コソボ出身のそれも聖地ペーチ生まれのセルビア人だよ。奴が殺したのは（ＫＬＡの）タチではなくて同胞であるセルビア人のジンジッチ首相だった。マフ

ィアのすることに『民族や国境』はないってことだ」

もっともだ。しかし正確を期せば犯人のズヴェズダン・ヨバノビッチはマフィアではなく、特殊部隊出身のスナイパーでマフィアに雇われての銃撃だろう。

「どこが違うんだ？　レギヤだって警視正と闇組織のボスの二つの顔をもつだろうが」

いったいこの勇ましい民族主義は本物なのか。ボスニアでは昨年選挙が行われたが、三民族とも内戦中に猛威を振るった極右政党が勝利している。ボスニアのイスラム教徒はアリヤ・イズベトコビッチのSDA（民主行動党）、セルビア人はラトコ・ムラジッチのSDS（セルビア民主党）、クロアチアはフラーニョ・ツジマンのHDZ（クロアチア民主党）。紛争中にあれだけ戦い、デイトン合意から八年が経とうとしているにもかかわらず……。

これは三すくみと言える。ボスニア人に聞けば、自分たちがSDAを選ぶのは、セルビア人がSDSを選び、クロアチア人がHDZを選ぶからだと言い、他の民族も同じように、あいつらが民族政党を選ぶのが怖いからだと理由を挙げる。

ともあれ、同業者の協力と忠告に感謝しつつ、町中に出た。レギヤの手がかりを探してそこら中をほっつき歩いた。しかし、何の手がかりも得られない。まあ、母国の首相を暗殺した男が、昨日来たばかりの外国人記者に見つかるはずもなかろうが。

それにしても、と市内を回ってつくづく思う。ボスニア連邦と比べると、このRSの貧しさは何だろう。

復興著しいサラエボに比べて同じ首都のバニャルーカにはえもいわれぬくすんだ空気が漂う。内戦で破壊された建物の修復は遅れ、壁には銃弾の跡が残り、走っているバスの窓ガラスにはヒビが入ったままだ。国連や世界銀行から毎年一億ドルを超える巨額な資金が入る連邦に比べてRSには援助が行き届いていない。

理由としては内戦時に情報戦で完敗した結果、セルビア悪玉論が欧米に蔓延し、受け入れられていないことがある。さらに本来の首都サラエボをボスニア連邦側に取られていることも大きい。ある人道援助団体の職員の話ではNGOの事務所も連邦側には置かれているが、RSの方には皆無であり、それゆえにどうしても後回しにされるという。

レギヤ探しは、動けば動くほど自然と分割後に取り残されているこのRSの惨状取材となっていった。

潜伏先を洗おうと、雨の中難民キャンプへ向かう。

ユーゴスラビアが生んだノーベル文学賞作家イヴォ・アンドリッチの作品『トラヴニクの日記』に出てくるボスニア中部の町トラヴニクから逃げてきた一家がいた。主人の名はサーシャ・ヤンコビッチ。短く刈り込んだ頭髪は精悍さを感じさせるが、顔に刻まれた深い皺が難民生活の苦しさを表している。

「レギヤについては答えられません。私に答えられるのはここの状況がどうであるかということです。今、私は不定期の肉体労働者です。生まれ故郷に帰りたいのですが、祖父の代からもっていた家もトラヴニクの工場も全部破壊されてそのままです。ＲＳにはいたくないのに帰還できないのです。デイトン合意では破壊された住居は民族を問わず修復されなければならないが、その合意内容は一向に遵守されていません」

ボスニア内戦後、連邦ではセルビア的なものが一切、排除されている。かつては誇らしげにユーゴ全土の教科書を飾った国民的作家アンドリッチの文章も、親セルビアと見なされて抹消されている。その作品の舞台となったトラヴニク出身のセルビア難民の苦境を見るにつけ、暗《あん》澹《たん》たる気持ちになった。本来、文学は政治とは無縁であるべきものであろう。

それからもう一つ。

一四年六月二八日、サラエボでオーストリア皇太子フランツ・フェルディナンドがセルビア人青年ガウリーロ・プリンシボフの銃弾に倒された。これを契機に第一次世界大戦が勃発。一度は世界史で学習させられるサラエボ事件である。

プリンシボフは、帝国からの自立を推進していたスラブ諸国側からすれば、レジスタンスの英雄だった。その後、彼が皇太子を待ち伏せしたサラエボの建物の一角に、彼の顔のレリーフと足形が埋め込まれた。謂わば市民にとっては忘れ得ぬボスニアの歴史の検証地。ところが現在、その場所に行ってみると異変に気がつく。事件を記したプレートが挟まっているだけでレリーフも足形も跡形もなく取り外されているのだ。

事実や歴史もまた政治によって変化させられるべきものではないだろう。確かにボスニア包囲戦でセルビア人勢力から凄惨極まる攻撃を受けたとはいえ、連邦側の現在の有り様はあまりに狭量ではなかろうか。しかし、ヤンコビッチはそんな連邦に帰還したいのだ。

「連邦の公務員の月給は八〇〇マルクですが、ここではたったの四〇〇マルク。年金で言えば連邦は月に三〇〇マルク、RSはたったの九〇マルクですよ。相変わらず我々RSは見棄てられているからです」

援助で最も重要なのは公平性であろう。民族ごとに援助額が異なり、分割された一方だけが潤い、他方が踏みつけられたままのようなこの状況は極めていびつである。

ヤンコビッチは冷え切った部屋の中でぽつりぽつりと、それでも毅然とした面持ちで言う。民族主義は上の馬鹿な政治家の方から始まったのだと、ため息をつき、極端な民族主義者は法で取り締まるべきだと嘆く。

情報戦に敗れ、国際社会から見棄てられたRSのセルビア難民に対する報道はほとんどない。ヤンコビッチは最後まで決して他民族への不満や批判を口にしなかった。しかし仕事もなく年金も差別され、厭世観に苛まれている感は否めなかった。おそらくはほとんどのセルビア系難民が同じ気持ちではないだろうか。

ヤンコビッチの家を辞す。レギヤは見つからなかった。しかし翌日、ここボスニアでコソボから連動してきている新たな社会問題を目の当たりにすることになった。

▼連動する麻薬問題――コソボ発ボスニア経由、西欧行き

九月三日。その建物は山間の中でひっそりと身を隠すように佇んでいた。決して大きくはない。港で見かける倉庫位の大きさだ。入り口には薪が山と積んであり、周囲の視界には山の峰と渓谷。下界と隔離されていることを嫌でも意識させられる。

「初めて吸ったのは一〇年前、一五歳の時だった。戦争の直後で仕事はないし、学校に行っても将来は暗い。何もかもが嫌になって道端の売人から一〇グラムを四〇〇マルクで買った。とにかくそれから毎日二グラムのヘロインが欠かせないジャンキーになってしまった」

バニャルーカ郊外に建てられたこの麻薬患者更生施設で、スルジャン・ドラゴビッチ（二五歳）はポツポツと自らの吸引歴を語った。浅黒い肌の色、こけた頬、落ち窪んだ眼、声にも生気がない。

「一年半前に妄想状態と自殺未遂を繰り返して病院に収容された。二時間近く意識がなくなって気がついたらここにいた。今思えば失業のせいだ。空虚な時間があり過ぎると自分も含めて若い者は悪い方向に進む」

ボスニアで麻薬中毒に冒される人々が激増していた。法務省の発表では中毒患者の数が爆発的に増加したのが四年前、一九九九年を境に実に七割増えているという。

事態を重く見た政府は更生施設を作り、昨年から著名人を使ってポスターなどで呼びかける

撲滅キャンペーンを展開しているが、焼け石に水の状態だ。施設は国内に全部で五つあり、四つは男性用で一つは女性用。約二〇〇名が溢れ返っている。ここの施設も現在二〇人の青年男性を収容しているが、定員を超え、重度にもかかわらず入所を待っている患者がすでに八人いる。

ドラゴビッチは施設内を案内してくれる。テレビのある食事ホール。十数人の患者が食事を摂っていた。メニューはパンに野菜の煮込み。皆、黙々と口を動かす。体内から麻薬成分が抜けるのには、七日から二〇日かかる。禁断症状に耐えるのは患者本人だ。ピークを越えると無性に空腹を覚えるという。

「ここでは夜は義務としてニュースを見なくてはいけない。土曜日は映画を一本、日曜日はバラエティを二時間」

次の部屋は洗濯室。

「全て自分で洗い、アイロンもかけて料理もする」

なるほど食器が整然と並んでいる。あなたが一番きつかったのはいつ、と聞いた。

「辛かったのはケシの茶に嵌《はま》った時。ヘロインが作られているものです。どんどん神経が病んで痛みも感じなくなり、妄想が始まって、一点を見つめてこの世が終わるのをずっと待っていました」

収容されても地獄は続いた。麻薬を絶って最初の二一日間は禁断症状がひどく、フラッシュバックに苦しみぬいた。ようやく薬が抜けつつある今、もうあんな生活は嫌だと言いながらこうも付け加える。

「今でも町に出ればドラッグは簡単に手に入るんだ」

国連の麻薬問題対策機関であるＵＮＯＤＣによれば、ボスニアは元々、アフガニスタンやトルコで栽培された麻薬が西ヨーロッパへ運ばれる密輸ルートの最大中継地点とされており、規制や監視の厳しいＥＵ圏の手前で足踏みをした「商品」の入手がし易い地域であったことが報告されている。

西へ渡れば渡るほど取引高が高くなる麻薬の「デューティーフリーショップ」ボスニア。その背景に加えて、ドラゴビッチのように紛争で疲弊し、戦後に希望を失った市民が逃避に走るという傾向が拍車をかけた。しかし最も大きな理由はそれではない。

原因を地道に究明した同更生施設のティボール・ダネルセン医師が言った。

「元来あった麻薬の密輸ルートとは別にもう一つの回路、謂わばコソボルートができたのです。我々の調査では、四年前からコソボ産の麻薬が、モンテネグロを経由して大量にボスニアに流入してきています。先月警察に摘発されたトラックにもトン単位のヘロインが積み込まれていました」

ああそうか、と思わず膝を打った。

謂わば需要と供給の成立だ。麻薬中毒患者のこの四年間の急激な増加には、コソボ情勢が大きく関係していた。コソボ産の麻薬、それはすなわちＫＬＡ産と言い換えても良い。

かねて人権監視団体ヒューマンライツ・ウオッチなどもリポートしていたように、この集団の資金源は元々コソボやアルバニアにおける麻薬の栽培と密輸であった。ところが空爆後、本来であれば麻薬犯罪を取り締まるべき警察組織に、当事者であるKLAが納まってしまった。マッチポンプ構造がここに完成し、コソボルートは一気に増大したというわけだ。ダネルセン医師が続ける。

「コソボには現在麻薬が栽培されている広大な土地があることが、航空写真で確認されています。しかし、KFORも、KLAとは友軍関係にあった経緯から、コントロールできないのです。公然と麻薬工場が建てられて機能しており、そこで作られた麻薬はコソヴォルカ、アルバンカなどと呼ばれ、ボスニアを経由して西ヨーロッパに行くのです」

さらにボスニアで売られる麻薬は、砂糖を混ぜて六倍に水増しされたものが多い。こういう純度の低いものが安価に取引されているのだ。

かつてボスニアの重度の中毒患者は、他の常用者に売買場所を教えることを好まなかったという。教えることで自分が麻薬を買うことができなくなることを恐れたからである。それゆえに麻薬の浸透度はそれほど高くはなかったが、紛争後、状況は全く一変してしまった。

コソボ産の麻薬が流入し一気に増大、それと共に取引の方法も変わった。従来のマフィア組織は、新しく足がつかないように第一、第二、第三、第四のディーラーというように重層的な売買構造を作り上げた。悲しむべきことにその第三、第四のディーラー自身が常習者なのである。

ダネルセンはこれからカウンセリングの時間なので、と言って立ち上がった。ここではベトナム戦争後、米国に帰国して麻薬中毒になった患者を更生する時に使われたプログラムでリハビリをしているという。

ＮＡＴＯ空爆は第二のベトナム戦争じゃあないのか、と皮肉を飛ばすと、この若く精力的な医師は両手を広げて肩をすくめた。

「過去を振り返っても仕方ない。若い患者はまだまだ入ってくる。小学生が学校で麻薬を受け渡しているのが現状なのだ」

コソボから流出した麻薬でボスニアの人々が苦しんでいる。ユーゴスラビア紛争で血が流された土地から土地へ大量流入する覚醒剤、ヘロイン、大麻。止まりそうもないその流れを作ってしまった国際社会の責任は限りなく重い。

施設を去る時、ドラゴビッチはカウンセリングを抜け出して見送ってくれた。

「今日は久しぶりに人間らしい会話ができたよ」

柄にもなく祈った。どうか彼に仕事が見つかるように……。

## 五　少年が殺された

### ▼セルビア人少年の死

二〇〇三年八月一三日。真夏の日差しは容赦なく農民の肌を射す。ダキッチ・ミリサルは汗だくになって庭の作物に水をやっていた。休むわけにはいかない。わずかな現金収入を辛うじてこれで得ているのだ。

腕時計の針が一二時四五分を示したその時、突然銃声が聞こえた。猟銃のような断続的な破裂音ではない。明確に殺意を伴う機銃掃射の音だった。

「川だ！」

ミリサルは直感した。それは一二歳の息子パンタが友だちと朝から水遊びに行っていたビストリッツア川の方角だった。家から一キロ離れたあの川で、何かとんでもない凶事が起こっているのではないか。妻から車のキーを奪うようにひったくった。

悪い予感は的中していた。

この日、川では八四人のセルビア人の子どもたちが遊んでいた。コソボにおける陸の孤島の夏休み。それはおだやかな風景であった。機銃を担いだ二人の兵士が現れるまでは。

テロリストという呼称すらまだ知らぬ幼児も泳ぐ水面に向かって、彼らは一八メートルという至近距離から発砲し始めた。子どもたちはちりぢりに逃げ惑った。川を臨む民家の庭に逃げ込もうと囲いに殺到したためにフェンスは崩れ落ち、下敷きになった少年は悲鳴を上げた。

ミリサルが現場で見たのは血まみれになって倒れている息子の姿だった。銃弾が後頭部から入り額に向けて貫通していた。

「セルビア・モンテネグロのコソボ州でテロ。銃弾でセルビア人少年二名が死亡。ジブコビッチ首相が弔問」

流れてきたベタ記事に身体が震えた。

我が身を震撼《しんかん》させたのは、白昼堂々と子どもたちに銃口が向けられた殺戮の凄惨さだけではない。その記事の扱いのぞんざいさ、小ささであった。その背後には、もっと知らされるべきディテールが含み込まれているであろうに。KFORやUNMIKの不公平な統治の有り様を目の当たりにしていれば、十分に予測ができた事件だった。悲しい予想は当たり、ついに白昼子どもを狙ったテロが起こってしまった。

### ▼少年の父との対話

事件から約三ヶ月が経過した一一月九日、遺族を取材しようと現場であるコソボのゴラジュデヴァッツに向かった。

コソムスカ・ミトロビッツアからタクシーを雇う。

歴史的修道院のある古都ペーチから約二〇分も走っただろうか。事件のあったコソボ州西部の村ゴラジュデヴァッツはコソボ内にポツポツと点在するセルビア人地域の一つ。雇ったアルバニア人のドライバー、ガシは盛んに嫌がる。

「なぜ、セルビア人の村なんかに行きたがるんだ？　俺は怖い。中までは入らないから後は歩いて行ってくれないか」

了承する。彼にしてみればそこは鬼や蛇が出る恐ろしい地域である。民族ごとの棲み分けは勝ち組と負け組に分かれ、互いの民族の行き来は完全に遮断されて、共存への距離は空爆前よりも遠いことを痛感する。

チェックポイントが見えてきた。周囲をＫＦＯＲのイタリア部隊が守っていることから、そこが目的地であることが分かった。

車を降りてドライバーを残して村に徒歩で入る。

干し草の匂いが鼻をくすぐり、鶏の鳴き声が聞こえる。小さな農村は閑散としていた。現在コソボ内の流通通貨はユーロであるが、セルビア人地域はセルビア共和国と同様にディナールだ。当然ながら経済格差があり、外に出ても買い物すらままならない。

小道ですれ違った農家の女性に道を訊ねた。

「今年の八月にテロに遭った少年の遺族を捜している」

女性は瞬間強張った表情を浮かべたが、すぐに道なりに進めと指示をくれた。しばらく行くと小道は二手に分岐した。脇で農作業をしている老人に聞けば、再び驚いたような顔をして右側の辻を指差した。

人口四〇〇人程の小さな村ゆえに事件のことは知らぬ者がいない。村全体が大きなトラウマに包まれているような印象だ。

順繰りに道案内されて辿り着いたのは平屋建ての農家だった。

庭に回り込むと中年の女性が家から出てきた。来意を告げた。女性は亡くなった少年、パンタ君の母親だった。

「銃弾に倒れた息子さんについて伺いたいのですが……」

アポイントも紹介もない。聞かれるのは思い出したくもない愛息の虐殺の記憶。それでも家の中に招き入れてくれた。イラク派兵問題にシンクロして考える。もしもＫＦＯＲに日本の自衛隊が加わっていたならば、こういう信頼は絶対に得られていないだろう。

やがて父親が現れた。背が高い実直そうな男だった。

「息子は一〇月八日に一三歳になる予定でした」

父親ダキッチ・ミリサルは事件直後のことを語り出した。

「まだ息があったので、イタリア軍が司るゴラジュデヴァッツの警察に行き、ペーチの病院に血だらけの息子を運びました。ところが医者も看護婦も、まるでこの悲劇を祝うかのような雰囲気でしたよ」

もう一人の被害者、一九歳のヨーボビッチ君は無念なことに現場で即死していた。

パンタの遺影の前で語るミリサルの横では奥さん、そして故人の妹と弟が耳をそばだてている。この二人も河原にいたのだ。

一時間半パンタは病院で息をしていたが、力尽きて亡くなった。病院から息子を引き取ろうとしたが、イタリア軍に止められて遺体解剖に回された。

事件の後、校長は被害に遭った子どもたちの家を回り、現場調査に奔走した。すると離れた地点から事件に使われた三丁の小銃が出てきた。撃った現場からは実に七八発の薬莢が発見されている。無差別の水平乱射だった。

「次男と娘は一緒にいながらも幸いにして生き残りました。しかし、兄が撃たれた時のフラッシュバックで未だに苦しんでいます。息子は誰が何民族かなど、一切気にしない子どもでしたのに……」

ミリサルは当然ながら行政を司るUNMIKの警官に訴えた。

「フランス人、ウクライナ人、米国人の警官に語りました。今後の治安のためにもぜひとも犯人を捕まえて欲しい。アジトは分かっているのです。ポーチェシチというアルバニア人村。息子を殺した二人は二・五キロ離れているこの村に川を歩いて逃げたのです。UNMIKは犬を連れての追跡調査をして突き止めましたが、村人は皆、捜査協力を拒否したのです」

狂信的なKLAの仕業に間違いないと周囲は見ている。もちろん一般的なアルバニア民間人はこういった行為を憂いてはいる。しかし、現在も警察機構で同じ組織形態に属するKLAへの取り締まりはアンタッチャブルとなっている。

「私たちの村にはプールすらありません。暑いから川遊びをしていただけです。中には三歳や四歳や五歳の子どももいました。奴らは目的のためには強盗も麻薬も売春も平気でやる連中ですよ」

テーブルの上には生首を持つＫＬＡの写真。三日前の新聞だった。

「空爆後、状況はさらにひどくなった。我々は世界からだけでなくセルビア共和国からも邪魔者として嫌われている。大統領選挙？　私は喪に服しているのでテレビもラジオも見ていない。いやもう全く興味がない」

これだけ政治に蹂躙《じゅうりん》された人々は、当然ながら全くの政治不信に陥っている。

「生前息子はコンピューターが好きでした。我々の死はもはやニュースにすらなりません。コンピューターで有名な日本の方々にもこの事件を知ってもらうことを願っています」

別れ際にも全く取り乱すことなく、むしろ淡々と息子のことを振り返る。今も続く危機的状況はコソボに取り残された者が引き受ける宿命とさえ考えているようだった。達観したかのような冷静さに痛ましさを感じずにはいられない。

礼を言って席を立つとチェックポイントまで家族総出で送ってくれる。弟は自転車を引き、妹はぴょんぴょんと飛び跳ね、無邪気に私の周囲を回る。この罪もない一家がイタリア兵の居場所から先は恐ろしくて一歩も外に出られない。

ＮＡＴＯ空爆直後に入った幾人かのジャーナリスト、あるいは現場にすら行かぬ「国際情勢解説者」が、ＫＬＡを解放軍兵士として天の上まで持ち上げていた事実を、どう捉えるべきだ

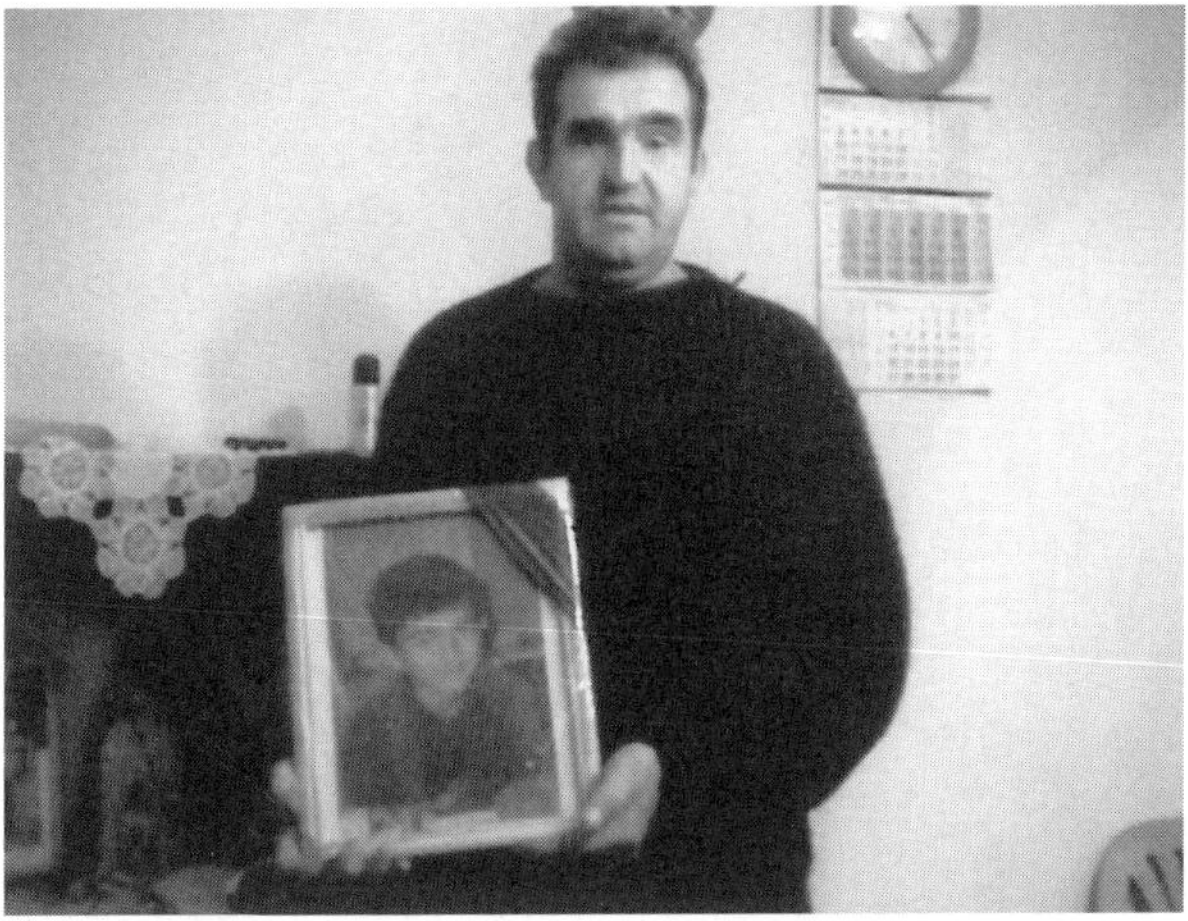

殺されたセルビア人少年の父ミリサル（撮影／木村元彦）

ろうか。対立する民族の片側からの取材であれば、銃を持ってセルビア治安部隊と戦った彼らをヒーローという見方もできる。それをアルバニア人が語るのなら理解もできる。

しかし、謂わば部外者に過ぎぬ日本人が、NATOの戦勝ムードに酔って賞賛するのはあまりに浅薄だった。一転、現場で視線をほんの少し外に飛ばせば、セルビア人やトルコ人、ロマなどの非アルバニア系住民が難民となって逃げ惑う姿がその眼に飛び込んできたというのに。

歩いて車の場所まで戻ってくると、ガシがドアを開けて待っていてくれた。

「遅いよ。どうだった？　俺はあの連射事件はセルビア側の自作自演だと思うんだ。KLAがそんなことをするはずがないだろう」

礼儀正しく責任感の強いこのアルバニア人にしても、信じきって疑わない。両者が交わることは容易ではない。

「たとえ幾ら積まれても、どれだけ危険な目に遭っても、このコソボから動くことはしたくない」と言ったミリサルの言葉がいつまでも耳に残った。

# 終章　語り部（二〇〇四年一〇月）

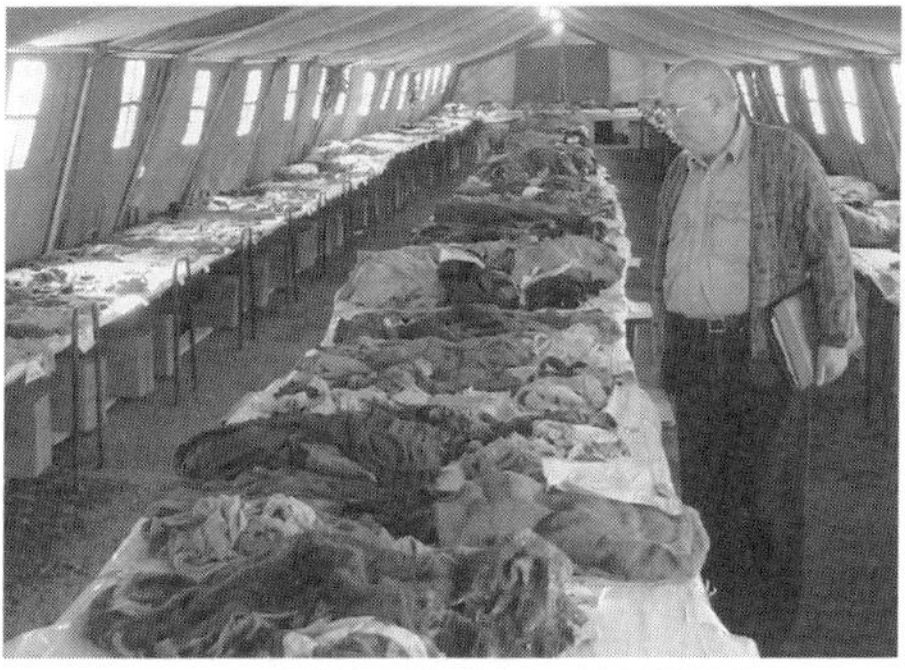

セルビア人行方不明者たちの遺品展示会
（撮影／ニコラ・ベセビッチ）

## ▼コソボ紛争終結後、最悪の暴動

コソムスカ・ミトロビッツアでいつものカフェにいる。ベオグラードからバスで約六時間かけてやってくると、この町の分離線イバル川の手前で休息を取るために毎回立ち寄る場所だ。

煤と油にくすんだ小さな店でチェバブチチを食らい、トルココーヒーを飲んで北（セルビア側）と南（アルバニア側）を繋ぐ橋を渡ってプリシュティナ入りをするのが習慣になっていた。コソムスカ・ミトロビッツア＝ボーダーとしての緊張感はあるが、「棲み分け」がなされた一定の秩序をそこではいつも感じていた。

しかし、今回は違った。バスから降りると射るような視線を周囲から浴び、橋上の駐留フランス軍からは撮影は駄目だと怒鳴られた。そして私のテーブルの前には疲労しきった白髪の男が座っている。

セルビア人スラビシャ・ミハイロビッチ。消え入りそうな声で嘆く。

「もう何もかも捨ててきた。見てくれ、このスポーツウエアで逃げてきたんだ。未だにろくな着替えはない」

煮染めたように黒ずんだ襟と袖。

この春、コソボ紛争終結後、最大の暴動、最悪の衝突が起こっていた。

ミハイロビッチは、南側にある数少ないセルビア人地域スミリャネ村に住んでいた。忘れもしない三月一七日の一四時三〇分。アルバニア人が村に入り込んで発砲を始めた。周辺のパンテナ村やキーチッチ村から約三〇〇〇人が集結し、スミリャネ村を包囲し襲ったのだ。

ＫＦＯＲ（コソボ治安維持部隊）は何もしてくれなかった。村にはフランス軍指揮下のモロッコ軍が駐留していたが、全く動こうとしない。生家を焼かれ、築いてきたものを全て放棄しなくてはならなかった。ミハイロビッチにできたのは、フランス軍の基地に逃げ込み、そこから生まれ育った村がまる二日間燃え続ける様子を眺めることだけだった。コソムスカ・ミトロビッツアの北側に逃れてはきたが、押し込められたのは郊外ズベチャン村の難民キャンプ。

「氷点下を記録するコソボの冬が到来するというのに暖房も服もない」

ミハイロビッチの横でカフェのウエイターはこう証言する。

「一七日に私は早番で店に出ていた。すると『シプタル（アルバニア人の蔑称）が渡ってきた！』という叫び声が聞こえてきたんだ。何が起こったのかと思って橋の方へ行くと、五〇人程の暴徒が車を壊していた。彼らはＫＦＯＲに向かって発砲したり、この北側のセルビア教会を襲ったりしていて、こちらは生きた心地がしなかった。実際橋の付近では一組の男女が殺されている。暴動はセルビア人のいるリュプリャンやオビリッチまで波及したんだ。スミリャネ村のセルビア人は全て北側に逃げてきて、もはや一人も残っていない。四キロ離れたところの教会まで焼き払われたんだ。発砲と放火で今やコソボの同胞はばらばらだ」

ＵＮＨＣＲ（国連難民高等弁務官事務所）によればセルビア人の家九三〇棟が燃やされ、四五〇〇人がミハイロビッチのような避難民になっている。彼らは急ごしらえの避難所やテントでの生活を余儀なくされている。

日本に流れてきた報道によれば、暴動の発端は三月一六日、コソムスカ・ミトロビッツア近郊のチャブラ村で三人のアルバニア人少年がセルビア人に犬をけしかけられ、イバル川に飛び込んで溺死した事件とされている。

この事件がニュースや口コミで知れ渡ると、南側のアルバニア人が大挙、セルビア人居住地域である北側へと押し寄せ、さらに南側に点在する地域にも襲いかかった。

一八、一九日になると全土に飛び火しコソボのセルビア正教会や修道院が焼き討ちに遭い、最終的には一九人のセルビア人が殺害され約六〇〇人が負傷するという大惨事に発展した。

先に「日本に流れてきた報道によれば」と書いたが、実はその前にも伏線があった。この溺死事件の二日前に、チャグラヴィッァ村でセルビア人少年がアルバニア人スナイパーによって狙撃され重傷を負う、という事件が起こっていたのだ。

現在に至っても自分たちへの安全を保障できない国連の組織に対して、セルビア人が国道封鎖などでデモ行動をしていた。しかしこのことについてはほとんど報道されていない。どちらが正しいという次元ではなく、こうなると相変わらずのセルビア悪玉論なのか、意図的な情報操作の意志すら感じずにはいられない。さらに犬をけしかけられて溺死したという事件の目撃者の証言も、四月二八日のＵＮＭＩＫ（国連コソボ暫定統治機構）の発表では証拠が不十分で取調べが難航し、信憑性そのものまでが疑問視され始めていた。

首都ベオグラードやノビサド、ニシュの連邦軍兵舎にもコソボ難民は一時収容され、さすがに今回の事件ではセルビア人に対して国際社会は同情の姿勢を見せた。

それでもセルビア・モンテネグロ国家連合政府が「在コソボ非アルバニア系住民の安全確保のため、国連安保理決議一二四四号に基づいて我が連邦軍のKFOR参加を求める」との声明を出すと、翌日には早速ブリュッセルのNATO（北大西洋条約機構）が拒否をする。米国は「セルビア政府の忍耐の対応を評価する」と、このような状況を作り出した自分たちの罪を棚上げにしてのコメントを国務省が発表した。

セルビア難民たちはまたしても自分たちは見棄てられたと嘆く。

二週間後の一〇月二三日にはコソボの州議会選挙が行われるが、ミハイロビッチは「当然ボイコットだ」と憤っている。州議会の定数は一二〇議席でそのうちの九四がアルバニア系で二〇がセルビア、四がロマ等の少数民族、二がトルコ系に振り分けられる。いずれにせよマイノリティーである。

「選挙なんか信じるか。我々の村を焼き払った奴らの投票に誰が参加するものか。連中は以前の選挙をボイコットしていたじゃないか。今度は俺たちの番だ」

ミロシェビッチ政権時代、自治権を剝奪されていたコソボのアルバニア人たちはセルビアの行政支配を全てボイコットしていた。三年ぶりのコソボ選挙を前にしたセルビア人の全身には、民族共存には程遠い報復連鎖の概念が刷り込まれている。

### ▼スミリャネ――「民族浄化」された村にて

「民族浄化」されたスミリャネ村に向かう。

途中、右側にフランス軍の基地が見えた。広大な敷地に聳《そび》える軍施設を眺めながらKFORの存在理由はいったい何なのかと疑念に浸る。立ち返って考えれば一九九九年のランブイエ和平会議で出された条件のもつ意味は何だったのか。あの時、米国がNATO軍のコソボ駐留を認めさせたのは、治安維持活動と安定のためというお題目ではなかったか。ウエイター氏によれば焼き討ちされている現場に来たのはポーランド軍の特殊部隊だけで、それも焼かれた家から二〇〇メートル位距離をおいて状況を見てうなずくだけだったという。

スミリャネ村内は燃やし尽くされていた。点在する農家がそれぞれに瓦礫の山に変わっている。黒焦げになった壁の脇には靴や食器が散在し、そこにあった生活の匂いをかすかに漂わせていた。

村の脇の高台に登ると一人のアルバニア人がいた。名前はカドレン。ここで何があったのか、あなたたちは報復をしたのかと聞いた。

人の良さそうなその農民は即座に否定する。

「セルビアの村民が自分で家を燃やして出ていったんだ。ここにいた人間はベオグラードから来た奴らだ。空っぽの家を勝手に燃やして出ていった。暴動で襲われたなんて嘘だ。同情を買うための全部彼らの自作自演だ」

真っ直ぐに私の眼を見ている。嘘をつこうとしているのではない。実際にそう信じきっている眼だ。旧ユーゴスラビア取材で幾度こういう眼を見てきたことだろう。加害、被害、抑圧、非抑圧、その連鎖の中で傷つき、自民族こそが唯一の被害者であると深く信じて疑わない眼。人道にもとる事件が起これば互いに自作自演だと中傷し合う。セルビア側の人間は発端の事件について逆に「子どもが勝手に溺れたのだ。それを利用して自分たちを追い出した」と言い切る。そこには相手の悲劇に思いを巡らす想像力が決定的に欠如している。

タクシーに戻り、チャブラ村に行って欲しいと告げる。溺死した少年の親を訪ねようと考えたのだ。

行き先でアルバニア人ドライバーは全てを理解したようだった。一〇分程走るとイバル川上流の事件現場へ私を案内した。

緑に覆われた土手を歩き、川を望む。水深が二〇センチ程しかない。想像したのとは全く異なる。水は澄みチョロチョロと流れる、まるでハイキングに来たくなるようなのどかな小川だ。「事件の日は水かさが増してこんなものじゃなかった」とそれでもドライバーは言う。実際に水死体が揚がったのだから溺れ死んだことには相違ない。問題は本当にセルビア人が犬をけしかけたのかどうかだ。もしも暴動を誘発するデマゴキーであったのならばその罪は重い。

チャブラ村に足を踏み入れる。小さな村。すぐに遺族が見つかった。亡くなった一三歳の少年ゾン・デリームの父親ザイム・デリームは干し草を積み上げた自宅農家の庭で佇んでいた。

お悔やみを述べ、事件当日の話を聞かせて欲しいと言うと、丸椅子とタバコを薦められた。庭には数羽の鶏が放し飼いにされている。静かな農家で聞く子どもを殺された遺族の話。一年前の記憶が嫌でも蘇る。

「息子は三月一六日、ちょうど今の時間帯、午後四時半に川で遊ぶために三人の友人たちと連れ立って出かけた。川岸を歩いていると、トウモロコシ畑で刈り入れをしているセルビア人に『お前たちここで何をしている』と怒鳴られ犬で追われた。三人は夢中で川に飛び込み、逃げ帰った少年が親戚宅に飛び込んで『セルビア人にやられた』と告げた。その一二時間後に息子たちの遺体が発見されたのです」

亡くなったのは息子のゾンの他にアヴェニイ・ヴェセーリ（一一歳）、フリョント・ヴェセーリ（九歳）の兄弟、逃げて報告したのが、その長兄のフィテム・ヴェセーリ（一四歳）。このフィテムの報告が大暴動を巻き起こしたのだが、その証言には矛盾が多く犯人が特定できないというのがＵＮＭＩＫのコメントなのだ。

――ミトロビッツアの方でリベンジの行動があったそうですが、あなたは参加したのですか。

デリームは冷静に答える。

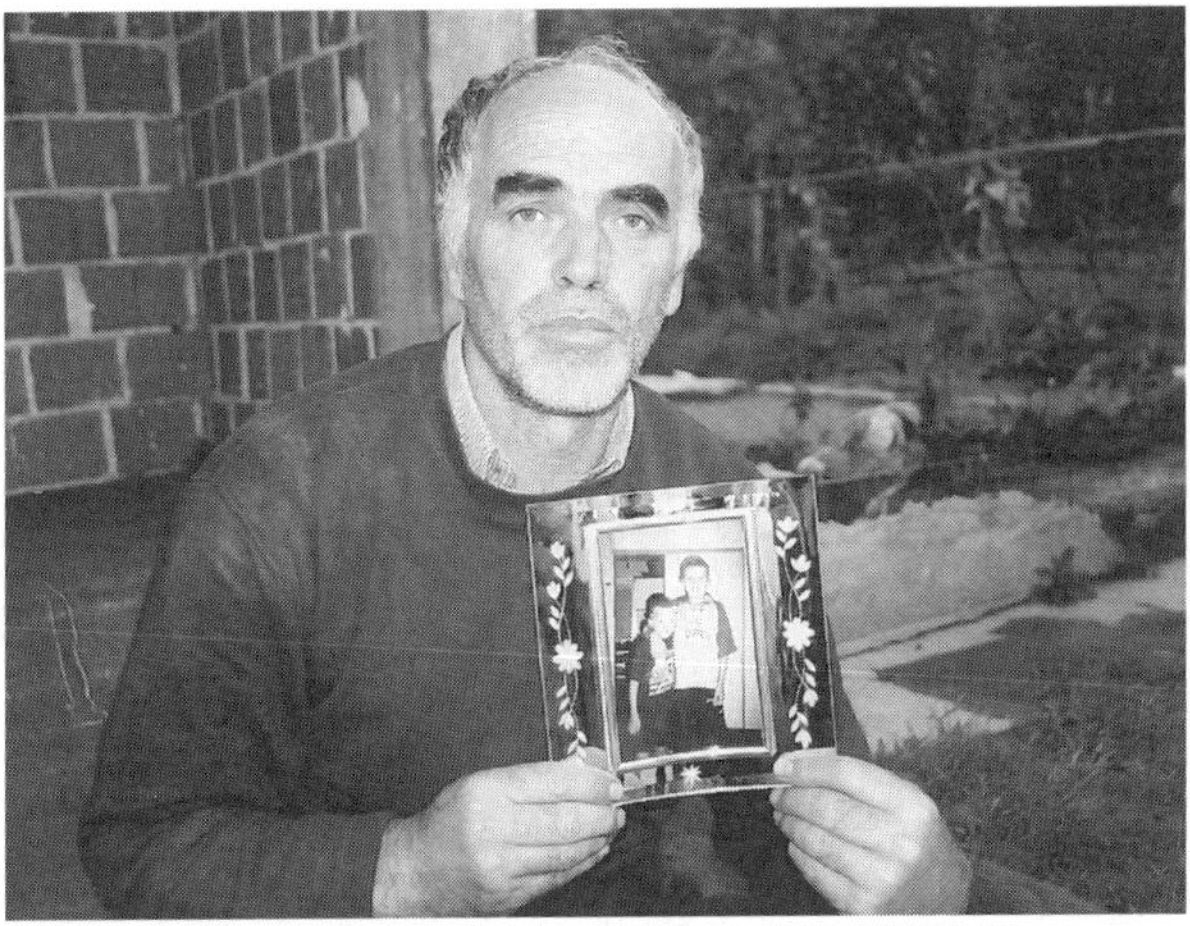

殺されたアルバニア人少年の父デリーム（撮影／木村元彦）

「何千人もの弔問客の対応で私はそれどころではなかった。君の言いたいことは分かる。その後セルビア人側にも被害が出たのは知っている。しかし、九九年の野蛮な彼らの侵略から五年しか経っていないのだ。子どもを殺すのは酷《むご》い。人間じゃない」

――間もなく行われるコソボ州議会選挙についてはどう思うのか。

「選挙についてはどこでもいい。平和にふさわしい勢力が勝ってくれることが望ましい。しかし、セルビア人と共存することは難しい。彼らは犯罪者なのだから……。私は審判が下されることを望んでいる。コソボを祖国と考える人とは我々は共存できる。もうコソボは血を流し過ぎた。しかし犯罪者連中は一刻も早くここから出ていくべきだ」

激さずに淡々と言葉を紡ぐ。

——難民になっているセルビア人についてはどうお考えか。

頭の中央が禿げ上がり、分厚い唇のデリームは武骨な印象を与える。しかし決して粗野な人物ではないことが次のコメントから分かった。ぼそりと嚙み砕くように言ったのだ。

「コソボにおいて犯罪を犯さなかったセルビア人はいつでもコソボに戻ってくるべきだ。彼らに対しての扉は開かれているべきだ」

——息子さんはどんなお子さんでしたか。

「俺みたいなターザンみたいなごつい奴だ。成績が良く、スポーツも好きで得意だった。一三歳の息子の次には七人の娘がいる。日本のような遠くから来てくださってありがとう。戦争が終わって初めてセルビア語を話しましたよ。どうぞ、ゾンの写真を見てやってくれ」

イタリアのサッカークラブ、ACミランのレプリカのユニフォームを身に纏った少年の遺影はあまりに切なかった。本当に犬をけしかけられて川に飛び込んだのか。その真相は究明されずにいる。しかし問題はデリームがそうであったと信じきっていることだ。

昨年のダキッチ・ミリサルの顔が脳裏に蘇る。

招かれざる人間にも真摯《しんし》に接するその態度と亡き息子に対する愛情。驚く程に似通う二人。けれど岐阜県程の面積しかないこのコソボで、互いに交わることは絶対にない。なぜ彼らは憎しみ合わなければならないのか。

出されたコーヒーを最後まで啜《すす》りデリームの家を辞す。見渡せば農道を牛が歩き、夕餉《ゆうげ》の煙が煙突から立ち昇る。あまりに牧歌的な風景。しかし修復困難な憎悪がこの村々の内部には確かに存在する。

帰路、今回の暴動で生家を追われたセルビア人の難民キャンプズベチャン村に寄った。建物には異臭が漂い、電灯も頻繁に消えかかる。そこに押し込められた人々、全員が口々に訴えた。

「いったい選挙になどどんな価値があるのか。我々を守ってくれない、我々をこんな目に遭わせた当事者たちの選挙に誰が行くものか」

打ちひしがれた表情でコソボ選挙のボイコットを叫び続ける。政治的解決への道のりは遥かに遠く険しい。

### ▼一三〇〇人協会の名称変更

ベオグラードの一三〇〇人協会に戻ってきた。半年ぶりに再会した「コソボ行方不明者家族会議」会長シーモ・スパシッチは開口一番こう言った。

「まず君に伝えることがある。我々の会の名称が行政によって変えられたんだ」

一九九八年にプリシュティナで兄を誘拐されてからこの会を立ち上げ、真相究明活動に邁進してきた男。彼は言う。

「名前は『コソボ誘拐および殺害セルビア人遺族会議』となったのだよ」

「行方不明者家族会議」から「殺害遺族会議」に。セルビア政府のまるで匙を投げたかのような名称変更にスパシッチは苛立っていた。さらに「こういうTシャツを作った」と呻く。わざわざ着替えて私のカメラの前に立った。

「ZASTO CUTIS SRBIO」(セルビアよ、なぜ黙っている)

四年間この団体を追ってきた者として痛感するのは、これらコソボ難民にセルビア政府が相変わらず極めて冷淡であることだ。現政権は国際協調を念頭に置くために、UNMIKに対して強く要求できない。取材者としてまたしても無力感に苛まされる結果になった。

空爆後から約三〇〇〇人のコソボのセルビア系民間人が、ある者は組織的に、ある者は家族の目の前で誘拐され行方不明になった。そしてその人々の遺体が闇の世界から浮上するようにコソボ各地で見つかり始めた。うち身元が確認されたのが約一五〇〇体。

遺体が見つかっても遺族の立会いは許されず、法医学者の検分が済むと一方的に死者としての名簿が送りつけられてくるだけ。

その名簿を見せてもらう。まるで無機質な一覧表。発見された遺体の氏名、その横の記号はロケーションの整理番号、引き渡された場所、遺族の携帯電話番号。

元来エキセントリックなスパシッチは室内を歩き回り、スキンヘッドを振りながらぶちまける。

「コシュトニッツア(大統領)もチョービッチ(コソボ問題担当相)もある程度の理解を示してはくれたが、我々が掲げる真相究明、どこでどのように家族の遺体が見つかったのかという問題には迫ってくれない。よく聞いてくれ、俺は来週土曜日にオランダハーグ戦犯法廷に行く。デルポンテ検事総長にすでにアルバニア側の誘拐実行犯名簿を提出してある。俺自ら証言台に立つつもりだ。政府はもうあてにしない」

ハーグに直訴に出かける決意をとうとうと述べると、その直後私に自分を日本に呼んでくれと言い出した。強引な主張だった。ヒロシマやナガサキの人たちと俺は連帯したいのだとひとしきり熱弁を振るうと、階下に下りていった。

この時、部屋にはスパシッチの他に二人の拉致被害者家族がいた。各々が異なるリアクションを私に向けて取った。

医師である夫をさらわれた女性ベリツエ・トマノビッチ。やりとりを見ていた彼女はスパシッチを「彼は自分が目立ちたいだけ。売り込みたいだけ」と切って捨てた。と、次に猛烈に私を攻撃し始めた。

「あなたは四年間ここに通ってきた。私たちの窮状を知らせると言って。私もあなたに協力した。でも四年経って何が良くなったと言えるの？　あなたがここに来て私たちを取材しても状況は少しも変わらなかった。結局あなたの存在は解決の何の足しにもならなかった」

言い返せるはずもなく、黙っていた。そこにもう一人、息子ブランコを拉致された初老の男性マルコ・マルコビッチが自分をインタビューしろと言ってきた。

「俺は去年、コソボへ行った。NATOの基地もKLA（コソボ解放軍）の司令部も回った。

コソボポーリエへ向かう途中にあるKLAのアジトだ。タチ、チェクといったKLAの幹部にもNATOの司令官とも面会した」

衝撃的だった。セルビア人が今のコソボに入ることができたとは。しかも一難民に過ぎぬ彼がそのような要人に直接面会ができたとは。

「息子を返せと訴えたら、奴らはタバコを吸いながら『変な希望をもたないで下さい。KLAは全て殺害しました』と言ったんだ。そこで俺は奴らに対してお前たちは無実の人を殺したんだな。将来、国際社会が、今我々にやっていることをお前たちにやるだろうと言ってやった」

嘘だ。と分かった。あまりに稚拙で切なくすぐにバレる嘘。

——当時のタチのタイトル（役職）は？

「LDKの党首でありながらまだテロを指揮していた。俺はそこでお前を絶対に許さないと怒鳴ったんだ」

眼を見た。淀んだ視線。マルコビッチは自らの願望を私に話している。丸腰のセルビア人がKLAのアジトに入れるわけがない。

単独行動に走り出したスパシッチ、他者をなじるベリッツエ、妄想の世界に浸るマルコビッチ。二〇〇一年、このオフィスが真相究明に走り出した頃、拉致被害者家族たちは互いに励まし合い、先鋭的な民族主義発言をする者をたしなめていた。四年近くが経過し疲れきり、「コソボ誘拐および殺害セルビア人遺族会議」に名称が変わり、家族たちは諦念の気持ちからばらばらになってしまった。国にいとも容易く見棄てられた民衆の悲劇を彼らから感じずにはいられない。

国家という幻想に見棄てられた人々がここにもいる。

〇四年一〇月二三日。コソボ州議会選挙が行われた。

選挙ボイコットを主張するコシュトニッツア首相に対し、セルビア共和国新大統領のボリス・タディッチ（民主党）は選挙に参加するように呼びかけた。国際協調路線と言えば聞こえはいいが、もはやコソボのセルビア人を切り捨てようという意図にしか見えない。タディッチは何よりもEU加盟を急ぎたいのだ。コソボが独立をすれば、三月の事件以上の迫害が襲いかかってくることは自明であり、人々は身をもってその怖さを実感している。

実際、投票したセルビア人は全体の〇・五パーセントにしか過ぎなかった。最終的に投票率は前回よりも一一ポイント低い五三パーセントだった。

結果、ルゴヴァの穏健独立派LDK（コソボ民主同盟）が四七議席、タチが率いる急進独立派PDK（コソボ民主党）が三〇議席、コソボ未来同盟が九。

独立に拍車がかかったのは間違いない。

一二月六日、さらにコソボのセルビア人にとっては深刻な事態が待っていた。

コソボの首相に就任したのがラムシュ・ハラディナイ。定数一二〇議席の過半数を取れなかったLDKが連立を組んだコソボ未来同盟の党首であるが、特筆すべきはその出自だ。かつてKLAの指導者であり、二度もハーグ戦犯法廷で取調べを受けた人物である。コシュトニッツァセルビア首相は「戦犯容疑のかかった、かような危険な人物を認められない」と国連に無効を訴えたが、却下される。

年が明けた二〇〇五年三月、ようやくハーグが腰を上げた。さすがに戦犯法廷はハラディナイ首相を訴追し、同首相はルゴヴァ大統領に辞任を申し出た。起訴理由は紛争当時のセルビア系住民への残虐行為。訴状には、一四歳の少女に対するレイプ容疑も含まれていた。コソボの混乱は今も続いている。

### ▼ペーター・ハントケとの対話

それはベルリンで五〇万人、ロンドンで四〇万人、ニューヨークでも二〇万人を数えた。二〇〇三年春、米英のイラク攻撃に対する国際的な反戦運動の広がりはこの惑星を覆い、〇三年二月一五日の米国平和団体ANSWARが呼びかけた一斉抗議行動では六〇ヶ国、六〇〇都市で約一〇〇〇万人がデモの隊列に加わった。その規模はベトナム戦争時を超えたとも言われる。

この世論と歩調を合わせるように、国連でも常任理事国のフランスやロシア、そして非常任理事国のドイツが「大義なき戦争」としてイラク開戦に強硬に反対した。武力行使決議を諦めた米国は決議案を取り下げてイギリスと共に攻撃に突入する。

「我がドイツ、我が祖国を私は今初めて誇りに思う」

ナチの戦争犯罪をドイツ人としての原罪として抱え込み、その責任を常に身に纏いながら創作活動を続けたノーベル文学賞作家、『ブリキの太鼓』のギュンター・グラスはゲアハルト・シュレーダー独政権の判断をこう評価した。国際世論を無視し、世界が巨大軍事国家の意のままに動かされてしまうことへの危機感を、ドイツもフランスも持ち得たのだと国内外のリベラル系マスメディアも持ち上げた。

ところが。

米国のイラク攻撃を徹底して罵倒しながらも、それと同様にこれら一連の反戦運動、各西欧国家の戦争回避の動きを独自の視点から激烈に批判しまくっている作家がヨーロッパに存在する。

ペーター・ハントケ。日本では無名に近いが、ドイツ語圏では一九六〇年代以降、最も重要な作家として知られている。ヴィム・ヴェンダースがカンヌ映画祭で監督賞を受賞した『ベルリン・天使の詩』の脚本を書いたのが彼である。

ハントケはオーストリアの新聞「ニュース」紙でイラク問題について、グラスとは全く逆の意見を述べている。

「アフガニスタンに報復に飛んだ時に、米国の本質は誰もが理解できるように明らかになっただろう。あの国はワールドトレードセンターで犠牲になった人々の名の下に、アフガンに襲いかかった。すなわちツインタワーで亡くなった人々は二度貶《おとし》められたのだ。一度目はテロで、二度目は大量殺戮の動機にされたことだ。今回のイラク攻撃で私は思う。世界最強最悪の大量破壊兵器を保持している米国こそが、武装解除すべきではないのかと。しかし、この間の世界の動きを見るにつけ、私は違った意味で日に日に怒りが強くなった。皆、突然戦争に反対しだした。フランスのシラクですら反戦を訴えている。どんな国でもその主権は尊重すべきだというう。ではかつて世界をナチズムから解放することに貢献したユーゴスラビアに対して、その権利を一切認めなかったのは誰なのだ。ヨーロッパはこれまでどの時代でも罪を犯してきた。ドイツは戦後保障の欲求不満をユーゴへの攻撃で満たしてきた。ところが突然、これらの犯罪者が平和を唱えるようになった。誰ももうユーゴのことは語らない。ミロシェビッチ(元大統領)をヒトラーにたとえたことはしても、サダム・フセインになぞらえたことはない。そんな奴らが突然、何が平和主義者だ。ユーゴへの戦争に賛成した輩とは声を一緒に合わせたくない」

彼は問うのだ。少なからず複数政党制で選挙によって選ばれたミロシェビッチに、独裁者フセインに対する程の同情を寄せたのか。

ハントケは九九年のNATO軍によるユーゴ空爆を「一国に対する世界戦争」として孤立無

援の中、一貫して批判していた。

　私は九八年から今に至るまでコソボ取材を続けてきた。

　セルビア人勢力によるアルバニア人に対する非人道的行為は確かにあったが、それは決してセルビア側だけが行っていたものではない。空爆前もＫＬＡによるセルビア系住民に対するテロは多発していたし、西側メディアが喧伝していたように、ミロシェビッチが直接関与して日常的にセルビア兵が大量殺戮を行っていたという事実の立証は、ハーグ戦犯法廷でもまだなされていない。現在では全く報道されない今のコソボ情勢を少しでも見れば、いかにユーゴ空爆が不公正で不当なものであったか理解できるだろう。

　空爆直後、平和が訪れたと煽り立て、戦勝気分を謳歌するＮＡＴＯ軍兵士の映像の陰で、約二〇万人のセルビア人がコソボを暴力的に追い出されたのだ。この大量のコソボ難民は未だに帰還できておらず政府からも、棄民扱いをされている。しかし、それはまだマシな方だ。逃げ場がなく難民にすらなれず、コソボに留まった住民はどうなったか。約三〇〇〇人がＫＬＡに拉致され、ほとんどが殺害されている。

　現在もテロは続いている。繰り返すが「人道的介入」の空爆後に、そしてＵＮＭＩＫがいるにもかかわらずである。しかし、西側メディアはほとんどこの事実を伝えていない。

　今回国連の無力化を嘆く声が多く聞かれた。

　何を今更という気持ちである。すでに四年前、ＮＡＴＯ軍は国連決議を回避して宣戦布告なきままにユーゴへの攻撃をしていたではないか。当時、異議を唱えた国がどれだけあったのか。それどころか、ドイツもフランスもオーストリアも積極な支持を打ち出して参戦した。国連無視、劣化ウラン弾の使用、意図的な誤爆、対立する過激派勢力への武器供与と軍事指導。これらの非人道的行為は全てあの時、ユーゴにおいて実験していたにもかかわらず、あたかも今初めて行われたかのように批判するＮＡＴＯ加盟国の「平和主義者」にハントケは怒りを隠さない。

私がハントケの存在をより具体的に知ったのは、ドイツ文学を専門に扱う小さな出版社から送られてきた一冊の著作であった。

『空爆下のユーゴスラビアで』（元吉瑞枝訳　同学社）。

一読して驚愕した。西ヨーロッパでこんな言説を当代きっての人気作家が、それもドイツで最も権威ある文学賞ゲオルク・ビューヒナー賞を返還してまで唱えていたとは思いもよらなかった。反戦運動を悪意に満ちて伝える西側報道に対する皮肉――。

（ベオグラードの反戦コンサート）について、あるテレビ評論家が、『ル・モンド』に書いている。アフリカの種族も、若者たちを殺戮の戦闘に送り出す前に、ダンスと歌で彼らを興奮させて元気をつけさせるが、ベオグラードのロックもこれと似ている、と……『ル・モンド』、昔は、そういう新聞もあったっけ。

君たちメディアは、先ず爆撃の共犯者となり、然るのちに君たちによって（あらゆる意味で「君たちによって」なのだ）爆撃された人たちのストーリーを高く売りつけることによって、どんな共感の内実も遠のけた、あるいは、むしろこう言った方がいい、共感を変質させ、腐らせてしまったのだ。そのやりかたは、先ず破壊し、然るのちに平和の裁判官を演じるという国家の手口と似ている。

今でこそ、セルビア悪玉論が意図的な情報操作によって喧伝されていたことが、それを扱った米国の広告代理店の存在などから明らかになり、残虐行為があったのは決してこの勢力によるものだけでないことがようやく知られてきた。

しかし、当時ＮＡＴＯの空爆反対の発言をヨーロッパですることは、想像を絶するバッシングを受けることを意味した。遠い日本にいる私に対してすら（某国人からの脅迫ＦＡＸ、中傷、公安へのリーク等）あったのだ。推して知るべしである。

事実、ハントケは孤立していた。

西側のジャーナリズムから数限りない集中砲火を浴びた。殺人鬼ミロシェビッチの手先などというレッテルを貼られ、ちょうどノーベル文学賞に三度目のノミネートをされていたが落とされ、それまでの作品の評価もことごとく貶められたという。

人気作家ゆえにその発言に反応する人々の数も尋常ではなかった。

ウィーンで行った著作『セルビア冬の旅』の朗読会の会場には一〇〇〇人の群集が押しかけてきて、ハントケのセルビア擁護の言動に抗議を繰り返した。野次と怒号が渦巻く中、孤高の作家はその都度壇上から怒鳴りまくって応戦した。『観客罵倒』というハントケの戯曲は、オーストリア人ならほとんどの人間が知っている作品だが、まさにそれを地でゆく集団劇をこしらえたのだ。

そのハントケに会いたいと考えた。聞けば取材は難しい、幾人かの著名な作家や記者が申し込んだけれど全て断られたという。それでも拙著と一緒に手紙を出した。こちらは無名の物書き。駄目で元々。

すると即座に返事が来た。

「インタビューは私はどんなものでも受けたくないのですが、ベオグラードでご一緒してお話しできれば素敵なことですね。お元気で。お手紙とご本およびその中にあった写真から受けた私の喜びを受けて」

写真？　サッカー好きであったことが幸いしたようだ。拙著『悪者見参』はフットボールを切り口にユーゴ紛争を切り取っている。彼には『ゴールキーパーの不安』という作品がある。

それはまるでハントケ一座だった。

指定されたホテルのカフェで会ったのは彼とその友人たち。紹介される。親友のズラトコ、ギリシアの詩人、元営業マンのオーストリアの作家とその妻、ベオの教授にして翻訳家。

私？　私は敢えて言う。「私はジャーナリスト」爆撃の共謀者であり、爆撃された人たちのストーリーを高く売りつけるフリーのジャーナリスト。そして今日はあなたの発する言葉を盗み、それもまた高く売ろうと考えているジャーナリストだ。

一座はコーヒーを飲みながら、笑い、語る。ハントケは言う。

「ベルリンの壁がなくなってからドイツに抗する国がなくなってしまった。バルカンに対するドイツの圧力をミッテランは止められず、ブッシュの父親は距離を置いた。次のクリントンが何かしなくてはと介入した」

九〇年代の紛争の連鎖の指摘である。湾岸戦争、ユーゴ紛争、そしてアフガン、イラク。彼は冷戦後の世界の一極化を嘆き、六八年世代の変節を罵倒している。

「米国のクソ野郎、イギリスの点数稼ぎの体操競技野郎、これらの犯罪者共は皆あの六八年世代に属している。彼らは No more war Make love と歌って冷たい戦争を批判したが、これらのできそこないのヒッピーたちよりは冷戦の方がまだましだった」

そうか。ベルリンに天使がいたのは確か壁のあった時代だったか。冷戦の産物だった西ベルリン。しかし、それは非武装地帯ゆえに世界で最も自由な空間でもあった。ハントケの主張ではヨーロッパの大罪は欧州の内と外を作ったことだという。内すなわち、ＥＵ、ＮＡＴＯ、外とはすなわちバルカン。

ナチの党員の父とスロベニア人の母という、民族的には反セルビアの両親の間にオーストリアで生まれたハントケは元来政治的な作家ではなかった。むしろ政治参加文学の最盛期の六〇年代にその風潮を否定していたことで有名になったという経緯をもつ。ユーゴ紛争でその禁を自ら解いたのだ。

誰もが政治について語る時、彼は沈黙を守り、誰もが一つの方向を見やる時、満身創痍《そうい》を厭わず象牙の塔から出てくる。

――日本でもユーゴ空爆に反対する言説は少なかったです。

ハントケは答えた。

「知っている。確かオオエも反対しなかったのだろう」

空爆も止むなしとの大江健三郎のコメントを知っていた。

――言論界で全く孤立し、脅迫どころかあなた個人に対する示威行動まで起きる中で、あなたを支えたものは何だったのか。

「孤立？」逡巡の欠片も見せずに言った。

「そんなものは感じなかった。私は古いユーゴを愛していた。だから何も怖くはなかった」

しかし、私は知っている。ハントケへの攻撃に加わったのはメディアや政治家、そして民衆だけではない。人道的主義者たちも。

九・一一後にアメリカの覇権主義を批判するコメントを出してオサマ・ビン・ソンタグと中

ペーター・ハントケ（撮影／木村元彦）

傷されたスーザン・ソンタグでさえ、「ハントケは就寝前に欠かさず手に取る私の愛読書だった。しかし、彼がコソボでの忌まわしい殺人をやめさせるためのＮＡＴＯの介入に反対していることを知り、大嫌いになった」と述べた。

大ドイツ主義を恐れ、ドイツの再統一は決して急ぐべきではないと発言していた先述のグラスも、ライプチヒで空爆容認の発言をしている。

ほとんどの友人をなくし、四つの映画作品を共同で作り上げた盟友ヴィム・ヴェンダースともユーゴに纏わる発言で袂を分かった。

「友人をなくしたが、新しい友人もできた」

傍らのズラトコが言う。今になってザルツブルク大学とクラーゲンフルト大学がハントケにドクターを贈ると言う。しかし当然彼はそれを拒否した。

「食事に行こう。パンチェボにいいレストランがある」

ふいに口を開いた。

パンチェボ。これまたカタストロフィーのあった場所だ。複合化学コンビナートが爆撃され、アンモニア、水銀、塩化ビニールモノマーなどの有害物質がトン単位で流出し、インド・ボパールの有毒ガス事故に匹敵する世界最大規模の環境破壊地域。

連れていかれた場所はしかし、何と素敵な場所。タミシュ川の畔、一面に蓮華が咲き誇り、野原を眼前にしたレストラン。

一座の一人、七七年にハントケの詩をセルビア語に翻訳したラダコビッチは呟いた。

「ハントケは全てのものから自由なのだ。常にどこかに関わって発言しているわけではない。彼のスタイルはいつも普遍だった」

なるほど。反米思想、社会主義イデオロギー、況や大セルビア主義やイスラム原理主義、そんなものから彼の答えは出てこない。会話を聞くにつけ、彼が言うセルビアとは今のそれでなく、多民族融和の旧ユーゴの象徴としてのセルビアであることが分かる。

世界が一つの価値観に統一されようとする時、それを予知して言葉で抗う。三〇年以上前、文学の政治参加を罵倒した時から彼の姿勢は一貫して崩れていない。「孤高」という賞賛すら陳腐だ。ミロシェビッチ裁判を傍聴しているのも文学的観点からだと言う。彼はここでカフカの言葉を引く。全ての被告は美しい、と。

「世界で一番大きな市場は情報なのだ。『誤爆』を撃った側は『悲劇的』と言うが、この悲劇的という言葉自体が忌まわしい。ミロシェビッチをヒトラーになぞらえたその言語上の意味論的な犯罪を私は許せない」

別れ際、握手しながら今一度彼の発言を反芻した。それは文学者としての怒りであった。言葉とは何か。私は、空爆時に在ベオ日本大使館に勤めていた外交官から帰国後に聞いた話を想起せずにはいられない。

「当時、我々もあらゆる情報を収集して日本外務省にユーゴ空爆の不当性を報告していたんです。これは間違いだと。しかし本省からは梨の礫《つぶて》。痺れを切らして打電したら……」

こう返信が来たという。

「空爆が不当かどうかなど問題ではない。大切なのは日米安保なのだ」

理不尽な戦争ですらプロパガンダ一つで正当化してしまう、巨大情報産業の消費を煽る言葉、官僚が国策のために真実を覆い人道を踏みにじる言葉。果たして文学者の言葉はこれらを超越できるだろうか。

ハントケの罵倒はまさにこの命題への挑戦状であったのだ。

「語り部がいなくなっては人間は幼年時代がなくなってしまう」

『ベルリン・天使の詩』の一節である。

## 柴宜弘《しばのぶひろ》教授との対話――あとがきに代えて

本書は、ユーゴスラビア情勢の学術界に対するカウンターの気持ちで書き上げた部分も大きい。そもそも、ここまでのユーゴ崩壊をいったい何人の学者が予見し得たのか。例えば、ある研究者は自信満々で次のように言った――ミロシェビッチはデイトン合意の立役者ですよ、米国が空爆するはずがない――でも、それは起きてしまった。

導き出される「あるはずがない」との断定がこの一四年間、幾つも引っ繰り返った。本書は、その事への現場からの報告でもある。しかし同時に、自分には事態を俯瞰し得る専門知識がない事も自覚している。

そこで脱稿以来、ぜひとも語り合いたいと思っていた専門家がいた。東京大学の柴宜弘教授である。多忙な中、原稿に目を通してくださった柴教授との対話は、四月一二日に実現した。権威でありながら謙虚さと誠実さを併せ持つこの専門家との対話を末尾に加えることで、あとがきに代えることにしたい。

**柴**　一読して感じたのはやはり現場に出て行って究明してゆく姿勢の良さです。フリーのジャーナリストには大手にはできない仕事をやっていただきたい。マスメディアは現場主義と言いながら実際には現場に行かないわけでしょう。そういう意味では最前線まで行く事が重要なんでしょうね。伝聞ではなくて。

**木村**　ＮＨＫの番組を元に書籍化した『戦争広告代理店』という本が話題になりました。反証は上手いと思いますが、自分はあの本のアプローチの仕方には非常に批判的なんです。鳩首劇としての面白さを描いていますが、あそこにはルーダーフィン社のせいで経済制裁に苦しむ事になった民衆への視座もそれに対する批判精神もない。取材していたなら、ボスニア紛争時になぜルーダーフィンの事を発表しなかったのか。全部終わってから種明かしのように見せられると、紛争を「ネタ」としか考えていないのかと考えてしまう。

**柴**　同じＮＨＫの『激動　地中海世界』シリーズの第二回「バルカン　さまよえるアルバニア人」（二〇〇一年）という番組もひどかったです。かなり時間をかけて取材し、イタリアに生きるアルバニア人を描いている前半はよくできているんですが、最後はコソボの政党「未来同盟」党首のハラディナイと党の幹部が出てくるんです。彼らはＫＬＡをやめて政治家となって、かつてここで戦ったものだが、とか言うわけですよ。結局、この政党は選挙で第三党にしかなれなかった。コシュトニッツアは実は武器を持ってアルバニア人に対して戦った人間で、あいうセルビア人と一緒にはもう暮らせない、という「未来同盟」の主張そのままで番組が終わってしまうんですよ。

**木村**　ハラディナイの「未来同盟」は極右の民族主義で、本書にも書きましたけど、レイプ事件でハーグから訴追された人物ですからね。それも踏まえて英雄視はいけない。

**柴**　当時のコソボのアルバニア人の熱狂に押し流されてしまったのでしょう。この番組のディレクターは事前に、私に話を聞かせて欲しいと言って来たので説明をしたんですが、ＫＬＡのプロパガンダが前面に出る番組になってしまいました。

**木村**　空爆直後は某女性カメラマンの写真集とか、ＫＬＡを英雄視する書物や番組がどっと出ましたからね。ただ一方で、コソボについても反米という視点からしか語らないのもおかしいと思うんですよ。ラチャク事件にしても「考えにくい」というだけでよく完全否定できるなと感じます。セルビア側の非人道行為は実際にあったわけですから。逆の善悪二元論も違うと感じます。

**柴**　何であれ、どちらかだけが悪という形では捉えられません。コソボの問題だって、セルビア人と同様に、アルバニア人にも歴史的論拠はあります。木村さんは八〇年代まで遡っていますけど、もっと遡れば一九世紀後半のプリズレン連盟に辿り着きます。コソボの問題はそこからですよ。その後、アルバニアが独立してゆく一九一二年のバルカン戦争で、この辺りを自分たちの地域に組み込めなかった経緯があった。アルバニアの近代ナショナリズムの発祥の地がコソボのプリズレンであるにもかかわらず、結局はそこが独立地域にならなかった。ただ、歴史的経緯はそうなんですが、それをいつまでも言っていても前に進めないのも事実です。

**木村**　「コソボは誰のものか」、という発想自体がおかしいと思うんですよ。コソボは居住地域としての有り様をもち、そこでの融和をどうするかということだと考えます。

柴　そうですね。アルバニア人の地でもあり、セルビア人の地でもある。ロマもいる、山岳民もいる。多民族が居住する地域なんですよ。問題は、この地域を独立国とすることで、民族の和解が図れるのか否かです。

木村　現在はそこに国連や国際部隊が入っているにもかかわらず、片方の民族にしか肩入れしていないという現実が問題です。

柴　バルカン諸国が民族自決にのっとって国民国家を作るとき、アルバニアの場合のように国境と民族が一致しないことの方が多いのです。ボスニアの場合は、過半数を占める民族がいないので地域名が国名になっています。ボスニアにはムスリム（ボスニア人）、セルビア人、クロアチア人がいて、内戦後一〇年が経ちますが、まだ一つの国に回復していません。

木村　ボスニアでもセルビア人共和国（RS）側は未だに冷遇されていて、バニャルーカは開発も援助も遅れている。でも自称「国際情勢分析者」などは、HPの「国際ニュース解説」でドイツ辺りの新聞の翻訳が元ネタだと思うんですけど、RSについて、「セルビア側が暴力によってボスニアの半分を占領した」というように、追い出されたセルビアが逆に侵略者であるかのように書いています。さらに、デイトン合意の時にセルビア側が猛反対した事も全く知らない。コソボに関しては「セルビア人にとってアルバニア人は皆KLAなのだ」というような信じられない記述もあり、あんまりひどいんでメールで質問したんですけど梨の礫でしたね。

柴　そんな記述があったんですか？　コソボについて話を戻すと、確かに木村さんも書かれていたけど、NATO軍のユーゴ空爆によって対立が激しくなったのはまさにその通りです。「人道的介入」による空爆がなかったなら、ここまで問題が深刻化することはなかったでしょう。

**木村**　数字に対しては断定し切れない部分があるのですが、おそらくは空爆以前や空爆中に殺されたアルバニア人よりも、空爆後に殺された非アルバニア人の方が多いでしょう。チョムスキーも、世界の破綻はコソボから始まったと言っていましたね。

**柴**　三月末にスロベニアのリュブリャーナに行ってきましたが、私が到着した前日にチョムスキーの講演会があり、大人気だったようです。もちろん、米国大使館の方々は来ていなかったとのことです（笑）。ハントケもあんな感じですか。

**木村**　ええ、話していて少し偏っているかなあと思う部分もあるんですが（笑）、彼が凄いのは本当に孤立を恐れないということですね。今後、モンテネグロもコソボも続くんでしょうが、どうアプローチするかですね。

**柴**　政治的には独立の方向しかないんでしょうね。当事者の対話は最後まで必要ですが。

**木村**　独立でももちろんいいのですが、重要なのはあそこに住んでいるマイノリティーの権利保障ですね。特にコソボの米軍基地の問題はナイーブですから。LDKの連中に聞いても、存続賛成なんです。

**柴**　どこの政党に聞いてもそうですか？　依然として、米国信仰が強いのですね。

**木村**　ええ、そうです。

**柴**　ところで、二週間弱ですが、ベオグラード、サラエボ、リュブリャーナを訪れる機会がありました。私の印象ですが、興味深かったのは、旧ユーゴ諸地域に社会主義やチトー時代を見直そうという動きが出てきたことです。戦後四〇年に対する全否定を、改め始めている。

**木村**　ただ、一二月にパルチザンとチェトニックを同等に扱おうという法案も通ってしまいました。

**柴**　旧ユーゴでは、社会主義体制の下でパルチザン神話が固定化し、セルビア民族主義に基づくチェトニックは全否定されていましたので、それを相対化していくことは重要です。しかし、歴史的相対主義に陥っては困ります。チェトニックがナチスと手を組んでいたのは事実ですからね。最後に、本書の特色ですが、民族対立というものがどのような経緯で次々と拡大していくのか、それを現地に住んでいる人のインタビューを通して描き出している点が最も面白かった。現場で繰り返し取材しないと書けません。

**木村**　しかし反対に、自分には背景に関する深い歴史知識がないんですね。

**柴**　それはこちらの方でも、木村さんの証言とつき合わせて読んでもらえるようなものを書かなくてはいけませんね。

今後はアカデミズムとジャーナリズムの共闘が、ことさら旧ユーゴ報道には重要になることは間違いない。かの地とそこに暮らす人々をこよなく愛する者として、現場と歴史を繋げる努力を今後も続けていく決意を、最後に記したいと思う。

執筆するにあたり献身的な尽力をいただいた新書編集部の落合勝人氏、ペーター・ハントケとの対面を実現させてくれた熊本県立大学の元吉瑞枝氏に心から感謝いたします。

## ◎ユーゴスラビアとセルビア・モンテネグロに関する年表

| | | |
|---|---|---|
| 一九九九 | 三・二四 | 米国主導のNATO（北大西洋条約機構）によるユーゴスラビア空爆が開始。 |
| | 五・七 | ベオグラードの中国大使館を「誤爆」。 |
| | 二七 | 旧ユーゴ戦犯法廷（オランダ・ハーグ）がスロボダン・ミロシェビッチユーゴ大統領を起訴。 |
| | 六・一〇 | 空爆停止。ユーゴ軍のコソボからの撤退開始。 |
| 二〇〇〇 | 九・二四 | ユーゴ大統領選挙、ミロシェビッチ（社会党）とヴォイスラフ・コシュトニッツア（DOS・民主野党連合）の対決。DOS独自の集計ではコシュトニッツアが圧勝していたが、連邦選挙管理委員会は過半数に到達せずとして、一〇月八日に決戦投票を行うと発表。 |
| | 一〇・二 | 再選挙に抗議し、ユーゴ全土でゼネストが開始される。 |
| | 五 | チャチャック市からベリミール・イリッチ市長が二五〇〇人の民衆、二〇〇台のトラックを率いてベオグラードに上京、合流した民衆が国会議事堂を占拠、ミロシェビッチ政権が崩壊。 |
| | 六 | コシュトニッツア新政権が誕生。 |
| 二〇〇一 | 四・一 | ミロシェビッチ前大統領が逮捕。 |
| | 二八 | マケドニア北西部でマケドニア治安部隊が襲撃され八人が死亡。アルバ |

| | | |
|---|---|---|
| | | ニア系住民の武装組織による攻撃とされ、コソボからの流入が指摘される。 |
| | 六・一八 | マケドニアが台湾から国交を断絶される。 |
| | 七・二 | マケドニア西部テトボ周辺の村数ヶ所を、アルバニア系NLA（民族解放軍）が占拠する。 |
| | 八・一三 | NATOが仲介しマケドニア政府とNLAの間で和平協定に調印させる。 |
| | 九・六 | マケドニアでアルバニア系住民の権利拡大を認めるために憲法改正。 |
| | 七 | 憲法改正反対デモが国会前で開始される。 |
| 二〇〇二 | 三・一四 | セルビア共和国とモンテネグロ共和国の間で新国家連合への改編合意がなされる。事実上のユーゴの解体が決定。 |
| | 二六 | セルビア共和国政府、ハーグ戦犯法廷協力法を承認。一四五人のアルバニア系の政治犯を釈放する。 |
| | 八・二二 | 核兵器テロを恐れ、ビンチャ原子力研究所から高濃縮ウランを米国とロシアが共同で運び出した。一二〇〇人の警護がつき軍事行動さながらの電撃作戦と言われる。 |
| | 一〇・二〇 | モンテネグロ議会選挙で独立派が勝利するも連邦派も健闘。独立強硬派は後退。 |
| 二〇〇三 | 二・四 | 新憲章が発布されユーゴ連邦の廃止に調印される。セルビアとモンテネグロの連合国家体制、セルビア・モンテネグロが誕生する。 |

| | | |
|---|---|---|
| | 二四 | セルビア急進党党首ヴォイスラフ・シェシェリがハーグ戦犯法廷に出頭。 |
| | 三・七 | セルビア・モンテネグロ初代大統領にスベトザル・マロビッチが選出される。 |
| | 一二 | 市庁舎前に出てきたセルビア共和国首相ゾラン・ジンジッチが狙撃され死去。全土に国家非常事態宣言が発令される。通称レギヤが主犯格とされ、指名手配。 |
| | 一八 | 前連邦内相のゾラン・ジブコビッチがセルビア首相に選任される。 |
| | 八・一三 | コソボ州ゴラジュデヴァツでセルビア人少年二人が機銃で撃たれ殺害される。 |
| | 一二・二八 | セルビア共和国議会選でハーグの獄中から立候補したミロシェビッチ元大統領とシェシェリ急進党党首が当選。後に比例名簿から外される。 |
| 二〇〇四 | 三・三 | セルビア新首相に元ユーゴ大統領のコシュトニッツアが選出される。 |
| | 一六 | コソボ州チャブラ村でアルバニア人少年三人が川で溺死。セルビア人による犯行として空爆後最大の暴動が起こる。一九人のセルビア人が殺害され、約六〇〇〇人が負傷する。 |
| | 六・二八 | セルビア共和国大統領の四度目のやり直し選挙で民主党党首のボリス・タディッチが当選する。 |
| | 一〇・三 | セルビア共和国地方選でノビサド市長に急進党のマヤが当選。 |
| | 二三 | コソボ自治州議会選挙。独立を掲げるＬＤＫ（コソボ民主同盟）が勝利。 |

| | | |
|---|---|---|
| | | 少数派セルビア人は選挙をボイコット。セルビア首相コシュトニッツアは選挙の無効を主張。 |
| | 一一・一五 | クロアチアのイヴォ・サナデル首相がセルビア・モンテネグロを公式訪問し、互いの少数民族保護を謳った協定に調印する。 |
| | 一二・六 | コソボ自治州首相に元KLA（コソボ解放軍）指導者のラムシュ・ハラディナイが就任。戦犯容疑のある同氏に対してセルビア側は反発。 |
| 二〇〇五 | 二・一三 | セルビア大統領タディッチがコソボ東部シロボを訪問。「コソボはセルビアの一部」と発言。 |
| | 三・八 | コソボのハラディナイ首相がハーグ戦犯法廷から起訴され、イブラヒム・ルゴヴァ大統領に首相辞任を申し出る。起訴理由は紛争当時のセルビア系住民への残虐行為への関与。 |
| | 三・二三 | コソボ自治州議会はハーグに出頭したハラディナイに代わり新首相にコソボ未来同盟副党首のバイラム・コスミを選出。 |

**木村元彦**（きむら　ゆきひこ）

一九六二年愛知県生まれ。中央大学文学部卒。ノンフィクション・ライター、ビデオ・ジャーナリスト。疾走プロダクションを経てフリーに。アジア・東欧の先住民族問題を中心に、「Number」や「PLAYBOY」などに数多くの記事を寄稿。著書に『誇り―ドラガン・ストイコビッチの軌跡』『悪者見参―ユーゴスラビアサッカー戦記』など。


# 終《お》わらぬ「民族浄化《みんぞくじょうか》」セルビア・モンテネグロ

集英社新書〇二九七A

二〇〇五年六月二二日　第一刷発行
二〇二二年七月一二日　第五刷発行

著者……木村元彦《きむらゆきひこ》
発行者……樋口尚也
発行所……株式会社集英社
東京都千代田区一ツ橋二-五-一〇　郵便番号一〇一-八〇五〇
電話　〇三-三二三〇-六三九一（編集部）
〇三-三二三〇-六〇八〇（読者係）
〇三-三二三〇-六三九三（販売部）書店専用

装幀……原　研哉
印刷所……大日本印刷株式会社　凸版印刷株式会社
製本所……加藤製本株式会社

定価はカバーに表示してあります。





ISBN 978-4-08-720297-7 C0236
Printed in Japan




a pilot of wisdom

集英社新書　好評既刊

## 言い訳 関東芸人はなぜM-1で勝てないのか
ナイツ 塙 宣之　0987-B

M-1審査員が徹底解剖。漫才師の聖典とも呼ばれるDVD『紳竜の研究』に続く令和の漫才バイブル誕生!

## 資本主義の終わりか、人間の終焉か? 未来への大分岐
マルクス・ガブリエル／マイケル・ハート／ポール・メイソン／斎藤幸平・編　0988-A

「人間の終わり」や「サイバー独裁」のようなディストピアを退ける展望を世界最高峰の知性が描き出す!

## 自己検証・危険地報道
安田純平／危険地報道を考えるジャーナリストの会　0989-B

シリアで拘束された当事者と、救出に奔走したジャーナリストたちが危険地報道の意義と課題を徹底討議。

## 保護者のための いじめ解決の教科書
阿部泰尚　0990-E

頼りにならなかった学校や教育委員会を動かすこともできる、タテマエ抜きの超実践的アドバイス。

## 「国連式」世界で戦う仕事術
滝澤三郎　0991-A

世界の難民保護に関わってきた著者による、国連という競争社会を生き抜く支えとなった仕事術と生き方論。

## 「地元チーム」がある幸福 スポーツと地方分権
橘木俊詔　0992-H

ほぼすべての都道府県に「地元を本拠地とするプロスポーツチーム」が存在する意義を、多方面から分析。

## 堕ちた英雄 「独裁者」ムガベの37年
石原 孝　0993-N 〈ノンフィクション〉

ジンバブエの英雄はなぜ独裁者となったのか。最強の独裁者、世界史的意味を追ったノンフィクション。

## 都市は文化《アート》でよみがえる
大林剛郎　0994-B

文化や歴史、人々の営みを無視しては成立しえない、真に魅力的なアートと都市の関係性を考える。

## いま、なぜ魯迅か
佐高 信　0995-C

まじめで従順な人ばかりの国には「批判と抵抗の哲学」が必要だ。著者の思想的故郷を訪ねる思索の旅。

## 国家と記録 政府はなぜ公文書を隠すのか?
瀬畑 源　0996-A

歴史の記述に不可欠であり、国民共有の知的資源である公文書のあるべき管理体制を展望する。